U0722737

从流量

到留量

让你的产品实现低成本持续增长

谢涵博　陈松月 ◎ 著

电子工业出版社
Publishing House of Electronics Industry
北京·BEIJING

编辑说明

◎为了客观呈现新媒体的"真实面貌"，对于一些当前十分流行但不符合出版规范的网络用语，本书采用语义相近的词语进行替代。

◎为了真实呈现互联网语境下的语言表达习惯，书中的部分内容，特别是在新媒体中常用的各种形象化词汇，尽可能"原汁原味"地保留约定俗成的表达方式，文中不再赘述。

推荐序一

从阿里离职后，我从事独立运营顾问工作有近四年的时间，在此期间我深刻感受到了不同时期的互联网运营重点的变化。

2010 年我刚进阿里，那时是 PC 互联网时期，大家都非常重视流量，大部分阿里运营人员做的事情就是做活动、拉流量，并通过利益刺激让流量转化成销售额，然后就没有下文了，即流量是一次性的。

到 2014 年前后，移动互联网兴起，大家开始注重用户体验，虽然依旧重视 App 的下载量，但是产品运营人员更倾向于用好的用户体验去留存用户，即让用户在产品里多消磨些时日，付费也成了自然而然的事儿。

到 2017 年左右，社交裂变这种高转化率、高传播率的运营方式袭来，在流量天价的僵局里杀出一条血路。我们开始注意到那些在社交媒体里具有号召力的用户，我们把他们统称为"关键人"，把他们当成超级用户来维护，以此让他们裂变新的用户。这种推广方式的成本低、效果好。

随着时代的变化，我们运营工作的流程从简单的"拉新→转化"变成了"拉新→促活→留存→转化→裂变"这五步，对运营的要求也越来越精细化。

当看到以前不被重视的一次性流量被"接住",并以不同的形式被留下来,其生命周期得到延长、价值得到提高。我们作为一线运营从业者不禁深感这样的"增长"才是健康的,才是有良好用户体验的,才是可持续的。

这两年,私域流量的概念被很多人熟知和接受,而松月和涵博合著的这本《从流量到留量》在私域流量的基础上结合自身实践和系统思考增加了"留量池"的概念,并提出"留量池思维",用来指导运营人员或创业者。

● 私域流量的本质是可控的流量池,而留量池是可控的流量池+客户池。

● 留量池的运营覆盖用户整个生命周期,从拉新到转化,全程强调精细化和数据化,高效复用每一"滴"流量。

● 留量池思维是极致的用户运营思维。

实际上,这本书的观点与我近期的很多观点不谋而合。只顾拉新而不做留量池运营的创业者是非常危险的,**你永远无法装满一个漏水的桶,你永远无法拥有安全感,因为流量的"水龙头"一关,你就慌了。**

本书的理论和案例都很实用,选用了很多近年来热门公司的成功案例,十分易于上手。哪怕是不具备开发 App 能力的小微创业者也能利用书中的知识,依托微信生态圈进行低成本创业。

以我自己为例,我算是一个自由创业者,公众号、微信群、朋友圈承载了我的大部分业务，再运用一些本书中提到的引流工具，就能构建出一个流量闭环，并牢牢地建立起属于我自己的留量池。在这样的状态下，我的获客成本几乎为零。

凯文·凯利有个"1000 个铁杆粉丝"理论。作为一名工匠、摄影师、音乐家、设计师、作家或 App 开发者，如果只是为了谋生，你只需要 1000 个铁杆粉丝。

我想补充一点，那就是一定要把这 1000 个铁杆粉丝放进你的留量池里，这个理论才会奏效！事实上我也是如此践行的，并取得了显著的成效。我靠着不算多的铁杆粉丝过着自由且有安全感的生活。

最后，看着松月和涵博一路以来蓬勃地"生长"，影响了很多"野生"运营人员，我由衷地为这些年轻的运营人员感到高兴。他们的积极探索与实践，为中国互联网史上"运营"一词的发展添加了时代的注脚。

小马鱼

《我在阿里做运营》作者

运营圈子计划发起人

独立运营顾问

推荐序二：流量思维注定死去

我有一个学生是一家教育培训机构的负责人，一次我们聊起教育行业的增长模式，一致认为其基本上都在朝着死路走去。怎么讲？该机构主要的获客方式是在百度通过付费获取用户信息，然后通过电销模式做转化。如果在百度获取一条信息的成本是 80 元，电销的转化率是 10%，那么一个付费用户的获客成本就是 800 元。该机构的线上教育产品的售价大约是 3000 元，扣除聘用老师的成本后，似乎是一个蛮赚钱的生意。其中最关键的业务环节就是投放效率的提高和电销团队的管理。业务目标是每月的业绩跟投放额成正比。

这听起来似乎不错，却为什么说是在朝死路走去呢？这其中有两个原因。第一，这家机构是一家教育机构，但这样的增长模式让它变成了一个销售公司，只不过商品是课程。我的学生作为创始人，每个月没有几天时间在关注学员交付和课程研发情况，而是把精力都放在广告投放和电销团队管理上，长此以往公司的"味道"都变了，发展也定然会出现问题。第二，在向流量平台投放广告的同时，也向对方释放了一个信号：可以涨价。所以，即便在某个阶段通过流量获取了利润，流量的成本也会快速上涨到能"吃掉"利润的地步。据我了解，目前在线少儿英语教育类产品的单产品获客成本已经高达 10000 元左右，基本很难赚到钱了。

这就是流量思维。

流量思维的生意可以用一个句式来描述：流量×转化率。基于以上两个原因，如果流量不能与业务本身耦合，仅仅如流水般"来了就走"，那流量就成了海水：渴了想喝，越喝越渴，直至死掉。

这不仅是教育类公司，也是所有用流量思维做生意的公司的痛点。那有没有"解药"呢？显然是有的，松月与涵博的这本《从流量到留量》就给了我们一个参考答案。

松月是我在混沌大学增长学院的伙伴，年轻而聪慧。我们的课程是增长课程，松月的工作是给增长课程做"增长"。这本《从流量到留量》包含了松月对自身工作经验的提炼，实用又易于迁移，对于在企业里负责增长运营或者希望从事此类工作的读者大有裨益。本书不但梳理了公众号、微信群、App 等载体的流量运营技巧，而且还提出了作为一个成熟的运营人应该具备的素质和能力。

从事到人，内外圆通。

德鲁克说"企业的本质是创造顾客"，而《从流量到留量》的核心观点则是从用户留存入手，创造超级用户。超级用户思维可以表示为：LTV/CAC。LTV 是产品在整个用户生命周期创造的价值，CAC 是获客成本。CAC 越低越好，而 LTV 越高越好，那怎样才能让 LTV 不断提升呢？答案当然是持续地留住用户。

有时我会思考一个问题：到底是人需要产品，还是产品需要人？

实际上我们在应用流量思维做生意的时候，往往是产品需要人，但正确的逻辑却应该是人需要产品。从产品需要人的角度做流量，无非是完成用户触达而已，而从人与需求的角度出发，才能真正"留"住用户。

最近几年关于增长类的书籍层出不穷，并各有侧重点。松月和涵博的书是我看到的为数不多的既实用又适用面广的一本，做增长和运营工作的同学在读这本书时可以像看"菜谱"一样对照操作。我一直以推广"增长"理念为己任，也很庆幸"增长"一词在企业界已经变成了热门词。我常讲，如果"营销"这个概念由科特勒来定义的话，那么"增长"这个词应该由中国人来"定义"。

在过去的四十多年里，中国是全世界增长最快的经济体之一，我辈该有此信心和责任！

李云龙

《增长思维》作者

增长研习社发起人

混沌大学增长学院负责人

自序

感谢你在茫茫书海里，翻开本书。

这是我和涵博合著的第一本关于运营的书——《从流量到留量：让你的产品实现低成本持续增长》——两个有 7 年经验的运营人，把在线运营实战经验升级为运营策略和方法论的实战书籍。本书和别的关于运营的书很不一样，**别的书教你快，更快，再快一点，而这本书想让你慢，更慢，再慢一点。**

有策略地慢就是快，尤其在这个效率至上的年代，有自己的节奏显得尤为重要。

在 2013 年大学毕业后，我一脚踏入了互联网领域，从公众号运营到用户运营，再到产品运营，几乎所有关于运营的工作我都做过。近两年有一个新的运营岗位被炒得火热，即增长运营，其主要负责的工作范围包括社群运营、公众号/社群/个人号的涨粉、业务分销等。从岗位设计再到整个互联网行业，放眼望去，一个不争的事实摆在眼前，每家公司的产品设计越发趋近，每家公司的运营策略也越发趋近，这种种现象背后的野心表露无遗：**想要更多源源不断的新流量，想要活着。**

事实的确如此，在变化越来越快的互联网时代，谁拥有更多流量，谁就有更多活下去的机会。但只是有机会活下去而已，并不是 100%能活下去。

原来的我，一直抱着这样的运营观，在看似增长的路上野蛮"狂飙"，直到真的摔了一跤：一次由我负责的从 9.9 元低价课到几百元正价课的转化运营，最终的转化率不到 9%（通常在 20%上下）。巨大的打击让我开始彻头彻尾地反思：每天这么"无脑"地获取流量，真正能留下来的又有多少？就像一个漏水的桶，如果漏水速度比进水速度快，那么意味着每天即便拼尽全力，也是在做无用功。

也是从那时起，我开始从宏观的角度思考运营这件事：为了更健康长远的发展，每家公司都应该逐渐把思路从流量运营转变到留量运营上来。真正把用户看作有血有肉的"人"，和他们沟通，和他们做朋友，让他们参与到产品的每一次迭代中，这也正是我和涵博写这本书的初衷——**用留量思维，真正做好用户运营这件事。**

这本书适合从业 3 年以上的运营人员、企业的业务负责人或企业的高管阅读。我们希望能用自己的实战经验，让大家在互联网红利消失后，收获一些关于精益运营的核心思维和方法论。

当初接到电子工业出版社欣怡的邀约，我和涵博犹豫再三，最终决定合著这本书，主要有以下几个原因。

✦　**从一线实战的角度给运营行业提供一些新的观点。**

我们拜读过很多业内老师的书籍和文章，这对我们有很大的启发。

而运营这个行业还在快速发展中，新观点的不断涌现，对于运营的发展是件好事，我认为在不久的将来，运营能成为一门独立的学科，当然，我也在尝试做这件事。

✧ **为自己的职业生涯做一个阶段性的注脚。**

我和涵博进入运营行业已经 7 年，说长不长，说短不短。我们想把这些年的所做、所思、所想整理成一本书，给我们的职业生涯做一个阶段性的注脚，然后整装再出发。

✧ **想用自己微薄的力量给整个运营行业的状态带来一点改变。**

流量为王的时代已经过去了，广告投放预算不会从天而降。让来的用户留下来，才是接下来 5 年，甚至 10 年内整个互联网行业需要深入思考的课题。

本书的写作花了整整一年时间，希望就运营这件事能给你带来更加系统的认识。

第一章，**为什么是留量，而不是流量**。介绍了流量和留量这两个概念的异同，以及为什么我们要拥有留量池思维，留量池思维能为我们的运营带来什么益处。

第二章，**留量池与 AARRR 模型**。AARRR 模型包括拉新、促活、留存、转化和裂变环节。如何在每一个环节里用留量思维去做运营，最大程度提高用户的留存率，是本章要讨论的重点。

第三章，**公众号，被小看的留量运营工具**。微信红利看似不再，但这只是海面上的冰山一角，而海面下的"本质"，我们想跟你一起探索。本章会重点探讨关于公众号的引流、留存、变现，并结合跟谁学的公众号矩阵玩法，揭秘为何跟谁学能快速上市，成为教育培训行业的一匹黑马。

第四章，**微信群，低成本留住流量的利器**。目前甚至在今后 5 年内，微信群都是用户转化的重要阵地，本章内容可以说是微信群的玩法大全，结合我和涵博的工作经验，为你提炼微信群的四种引流方式、八种用户转化模型，并结合核桃编程的低价课转高价课的群运营模式，为你解读微信群到底要怎么运营。

第五章，**小程序，新的留量洼地**。作为近几年微信生态诞生的新物种，小程序的价值还远远未被挖掘。本章会从小程序的设计原则、运营玩法、留存策略和变现模式出发，让你搭上小程序这班车，教你把这个工具用好、用透。

第六章，**用 App 搭建属于自己的留量池**。许多人都有一个疑惑：有了小程序、公众号和微信群，为什么我们还需要 App？答案是，在别人的生态里，规则由别人说了算，而 App 可以为我们提供生存保障，保护我们不至于因为账号被"端"而出现用户量"一夜回到解放前"的状况。本章会告诉你 App 拉新的两个手段，提升留存率的两个大招，找到价值点的三个方法，逐步为你揭秘如何做好 App 留存。

第七章，**5G 时代，如何玩转短视频留量池**。新基建的发展和网速的提升，构建了我们随时随地拍短视频、看短视频的生活方式，求新求变的运营者们自然不会错过这一波新浪潮。本章挑选了目前最主流的两个短视频平台——抖音和快手，介绍我们应该如何在其上做流量、做留存。

第八章，**运营人必须具备的四项基本能力**。"台上一分钟，台下十年功"，热热闹闹的舞台背后少不了扎扎实实的基本功。数据能力、活动策划能力、私域流量体系构建能力、文案能力，这四项基本能力你都有了吗？

第九章，**运营人必须具备的六种核心素质**。如果说能力是面子，那素质就是里子，硬件和软件相配套，才能让运营人走得更远。对于我和涵博来说，里子是运营人的软实力，也是运营人的"操作系统"，只有不断升级"系统"，才能让你在职场乃至人生中站稳脚跟，实现自我价值。

在近一年的写作时间里，我和涵博通过合著这一本书，完成了关于运营工作知识架构的梳理。我们二人既曾在头部公司任职，也曾在创业公司打拼，这样的个人经历，会让这本书在具有实用性的基础上更加具有普适性。当然也难免会有不足，例如我们没有做过线下运营，对线下转到线上的方法论涉猎不多；再如我们也没有大量接触过移动端广告投放事宜，所以这一部分内容在本书中较少提及，以免班门弄斧（关于本书的所有意见，请在公众号"野生运营社区"留言，我们会认真阅读并回复每一条留言，你的意见是我们改变和进步的动力，再次感谢）。

这本书的诞生实属不易，我和涵博已经在目前的能力范围内对内容做了最大限度的完善，希望它能成为你在运营道路上的一根"小拐杖"，支撑你走过一段看起来有点难的日子。

最后感谢为此书付出很多努力的电子工业出版社的欣怡和其他小伙伴们，还要感谢一路上对运营工作给予我们指点的各位前辈；另外感谢"野生运营社区"公众号的粉丝们，感谢所有对我和涵博有过帮助的人们，谢谢你们。

是为序。

陈松月

2019 年 3 月 22 日

目 录
Contents

第一章

为什么是留量，
而不是流量

自互联网诞生以来，凡是以互联网为基础设置、构建的商业模式，都离不开三个要素：产品、流量、变现。

一个商业模式诞生的基础，是有合适的产品，可以是实体产品，也可以是虚拟产品，本质是针对用户需求提供的解决方案。所以，某一种产品的用户群体是固定的。

而一种解决方案能够落地的前提是被需要的人所使用，所以，找到购买产品的人就成为商业模式构建的第二步。当购买的人不是一个、两个，而是成群出现时，流量就诞生了。

此时，只需完成交易即可产生收入，这个过程叫作变现，是验证一个商业模式的最后一步。变现获得的收入一旦超过支撑这个商业模式的成本，即实现盈利，该模式基本就可以宣告成立。

在商业模式构建的过程中，产品、流量、变现，三者缺一不可，只要一个要素出现问题，就会导致商业模式构建失败。

如今，流量已经成为互联网时代中小企业发展最为关键的要素，互联网的本质是连接，线上交易的方式将交易的效率大大提升，也让流量变得更容易获取，当然，流量也更容易造假。

百度、阿里巴巴、腾讯等互联网巨头的诞生，让绝大多数中小企业可以通过其建造的平台进行线上流量的获取。

以百度为代表的搜索流量模式，是流量获取的初始模式，也是目前主流的流量获取模式之一。在移动互联网诞生之前，这种流量获取模式是企业发展的重要助力，用户只需要在百度等搜索引擎中输入关键词，就可以找到产品，从而进一步产生交易。

以阿里巴巴为代表的电商流量模式，是流量获取的另一大关键模式，企业只需要在电商平台建立店铺，用户可以直接浏览商品或进入店铺，找到符合需要的商品就可以立即下单，做到真正的"即看即买"。

以腾讯为代表的社交流量模式，发迹于传统互联网，是移动互联网的核心流量模式，腾讯旗下的微信更是成为移动互联网的一大基础设施。企业在微信建立公众号、微信群和小程序后，通过社交传递就可以免费拿到流量，进而实现产品变现。

除了以上几种主要流量获取模式，还有以今日头条为代表的信息流流量获取模式、以抖音为代表的短视频流量获取模式、以知乎为代表的社区流量获取模式等，相比于过去传统的流量获取方式，这些流量获取模式更加有效，也给企业提供了更多选择。

流量造假。相比于线下流量，线上流量都是以虚拟形态存在的，更多地表现为用户的行为数据，比如 PV（Pageview，综合浏览量）、UV（Unique Visitor，独立访客）、CPS（Cost Per Sales，按销量付费）、CPC（Cost Per Click，平均点击消耗）等，都可以通过技术手段进行干预，换句话说，这样的流量，想要多少就能刷多少。

2019 年 10 月，一篇标题为《一场新媒体巨头导演的"僵尸舞台剧"，真实还原现场，导火线：一条一夜爆红的视频，我们流量却为0！》的文章在网络上流传。简单来说，是一家创业公司找到一个新媒体机构想要投放产品，并选择了其旗下的一个微博大号进行测试，测试数据很好，有几百万次的播放量，并且清一色都是正面评价，但令人尴尬的是，进入该公司产品页面的流量为 0。

其实，这样的情况自互联网诞生以来就一直存在，虽然互联网巨头们都在想办法对其进行规范和整治，但一直未能将其彻底解决，这让企业承担了巨大的流量无效风险。

通过以上分析可以看出，流量对于商业模式的构建起着关键乃至核心的作用，面对繁多的流量平台，获取流量的渠道日益增多，但风险也随之增大，一不小心就可能拿到假的流量，给自己带来损失。

实际上，目前企业的流量问题比过去更加严重，这主要体现在流量获取上。随着商业的发展，互联网因为流量触顶而进入下半场，企业间的竞争愈演愈烈，导致我们在各大平台获取流量的成本日渐升高，无论花钱购买还是免费"猎取"，引流的效果和效率都有所下降。

为了解决流量获取的问题，先有"增长黑客"概念进入我们的视野，后有裂变玩法风行微信生态，再到私域流量、KOC（Key Opinion Consumer，关键意见消费者）等新的互联网营销概念的提出。大家对这些或合理、或精辟，甚至颠覆认知的名词趋之若鹜，殊不知，它们其实并不是解决流量问题的真正方法，当前依然有万千企业处于无流量、假流量，以及留不住流量的尴尬境地。

其实，流量的存在环境和获取逻辑一直都没有发生大的变化，问题在于很多企业只看到了外部流量，却忽略了自身所拥有的流量。发挥已有流量的作用，才是破解流量之困的关键。

基于此，本书提出了一个新的概念和思维方式，即留量和留量池。

流量与留量

在谈留量和留量池之前，我们先系统介绍一下流量的概念。

中学物理老师会将电流和水流做对比，以此加深学生对于电流概念的理解。无数个电子发生快速移动，即电的流动；水流同理，无数个水分子发生快速移动，形成宏观上的水体流动。

在互联网领域，用户在网上的点击、浏览、注册等行为，全部会变成数据，当某一时间点有大规模用户进行点击、浏览、注册等时，相关数据就会激增，这种情形就和在某一时间点大量电子或水分子形成电流或水流一样，用户的点击、浏览、注册等行为数据形成数据流，而数据流的数量，就被称为流量。

所以，当我们在谈流量获取的时候，其实谈的是获取的某种用户行为的数据量，比如注册量、点击量、下载量等，这样的数据量越大，流量越大。

同样地，我们平时所说的百度、阿里巴巴、腾讯等互联网巨头拥有巨大流量，也是指它们拥有类似的数据流，比较典型的就是MAU（Monthly Active Users，月活跃用户数量）。截至 2019 年 6 月月底，MAU 过亿的 App 超过 54 个，排名前十位的分别为微信、QQ、支付宝、手机淘宝、腾讯视频、爱奇艺、抖音短视频、高德地图、搜狗输入法和百度，其中微信 9.4 亿，QQ6.6 亿、支付宝 6.4 亿、手机淘宝 6 亿、百度 4.5 亿。

其实，所有拥有过亿 MAU 的 App，都是企业日常获取流量的宝地，每月都有过亿的用户在其中流动，进行着点击、浏览等行为，就像大海里翻滚的浪花和跳跃的鱼群一样，生机勃勃。

流量的本质就是一串数字，主要用来帮助我们理解产品成长的速度，不过在实际应用中，我们会将流量的意义进行"扩大"，比如App 的下载量、注册用户量等明确体现体量的数据数量，有时也会将其等同于流量。

所以，我们在判断一个产品或平台拥有多少流量时，可以通过一些数据如注册用户量、PV/UV、DAU（Daily Active User，日活跃用户数量）等进行直观的判断。

清楚了流量的含义，我们就可以引入本书最核心的概念——留量。

所谓留量，简单来说就是被留下来的流量，这种流量不完全呈现其作为原始流量时动态的特点，而是呈现出一种相对静止的状态。具体表现在数据上，最直观的表现是留量的 DAU 和新流量相比会非常低，要想重新变高，就需要创造相似的环境和再次实现的路径，相当于再造一个流量平台。比如字节跳动被誉为"App 工厂"的一个重要原因，就是其在不断打造新的流量平台。这些平台初期的流量都是从今日头条导入的，但后续的流量多是自身新产生的，即前者是旧流量，后者是新流量。

旧流量不可复制，但可以创造新价值；新流量可以创造，但要依托于旧流量，这个关系的转换，就是依靠留量运营完成的。所以对于企业来说，理解留量的本质具有重要的意义。

留量的三个典型特征

获取流量是需要付出一定成本的。一般来说，在某个平台发展初期即红利期，引流是非常容易的，而当平台日渐成熟，生态逐渐完备之后，流量的获取就会变得"举步艰难"，需要付出极大的代价。

以抖音为例，抖音是继微信成为"超级"App之后，又一个崛起的流量洼地，它的走红引领着短视频时代的到来，并让企业的新媒体运营阵地由"两微"即微信和微博，成功转变为"两微一抖"，其彻底改变了互联网的流量格局。

在抖音发展初期，其平台上那些节奏动感、画面精美、特效炫酷的优质竖屏短视频，吸引了很多大城市的年轻人加入。随着抖音流量日趋稳定，抖音上的视频类型开始逐渐丰富，并陆续有个人或企业尝试通过视频电商等方式进行变现，这些个人账号或带着企业名称的账号是踩中抖音第一波流量红利的幸运儿，此时在抖音的获客成本与微信等成熟渠道相比要低得多。

之后，抖音通过更多、更大的动作让平台流量开始疯涨，仅用几年时间就发展到如今近 5 亿 MAU 的规模，其间陆续有其他平台的KOL（Key Opinion Leader，关键意见领袖）加入，而企业号的开通也吸引了众多知名企业入驻，此后抖音上的获客成本开始增加。到了2019 年，在抖音上投放广告更是成了企业拉新的必选项，比如 2019年 6 月开始的 K12（Kindergarten through Twelfth Grade，学前教育至高中教育）网校暑期招生大战，各头部教育公司累计投入的广告预算高达 40 亿~50 亿元，其中有相当大的一部分预算投向了抖音广告。

可以说，抖音的发展历程就是互联网时代流量思维的缩影。

流量思维对于初创期或者再次扩张的企业来说，是一个相对可行的方法，但从长期来看，流量更需要精耕细作，这就需要我们重视留量，因为留量有三大特征：可控性、低成本、可复用，只要用好留量，就能帮助企业实现长期稳定发展。

接下来我们就来解读留量的本质和三大特征。

我们前面简单提到过，留量就是留下来的流量，那什么样的流量是已经留下来的？留下来的流量是指那些经过外部引流后被使用和转化的流量，它可以以任何形态存在，线上留量则主要分布在 App、社群、小程序、公众号等平台。

无论流量以什么形态存在，只要经过使用和转化，这些流量就能成为企业的资产，企业想怎么用就怎么用，这便是留量的第一个特征——可控性。这显然是外部流量不能比拟的，因为外部流量需要更高的价格去采购，并且要调查流量是否精准。

关于留量的可控性，笔者在做渠道工作的时候深有体会。

对于什么是渠道工作，不同行业的人有不同的理解。比如联系分销商和开展 BD（Business Development，商务拓展）合作算是常见的渠道工作，而在传统的教育培训行业，渠道工作主要指建群，以前是建 QQ 群，现在则以建微信群为主，而建群的目的就是获取可以控制的留量。

传统的招生模式很简单，要么发传单，要么购买百度广告，获取的流量多为一次性的，用完即流失，针对这种问题，最好的解决办法就是建群。通过发传单、SEM（Search Engine Marketing，搜索引擎营销）等形式把流量吸引到群里，然后进行运营维护，并通过一些轻度转化行为，把流量变成留量。通过外部渠道吸引到的用户，经过运营环节能对企业产生信任，企业运营得越细致，服务得越好，用户的信任度越高，这时再做任何营销推广动作，都会容易得多。

营销推广更容易，转化率自然就会随之提高，这体现了留量的第二个特征——低成本，这里主要指有效用户的获取成本的降低。

在流量思维中，采购的流量会直接进行转化，无须进行深度运营，这种直接营销方式的转化率往往较低，需要靠持续和大量的销售来提升成交量，若非背靠巨头，资金充裕，一般创业企业很难负担得起。而如果先培育留量再进行转化，整体获客成本就会降低很多，ROI（Return on Investment，投资回报率）也会随之升高。

笔者曾经做过一项在线一对一产品的市场工作，主要任务就是建立以微信群为主体的留量体系，笔者在项目发展初期成功建立起了拥有几千个高质量精准用户的聚集地。

在线一对一产品有规模不经济的特点，拥有较高的客单价，对市场端的流量质量有很高的要求。当时笔者选择了"公众号推广+微信个人号裂变+微信群转化"的运营模式，每周为用户提供一次家庭教育和学科讲座内容，以音频直播的方式对留量进行激活和留存，结果不负所望，笔者所负责渠道的转化率和 ROI 是最高的。

留量除了有可控性与低成本这两个明显特征，还有一个特征是可复用，可复用主要体现在两个方面：一是复制流量，二是盘活流量。

先说复制流量。当把流量从外部引入到自有流量池，经过一系列精细运营或产品功能激活，流量黏性会显著提升，并产生很多活跃用户，此时只需经过适当的策略引导和行为激励，新的流量就可以自发地"生长"出来，扩展成新一层的留量。

对于以群为存在形式的留量，我们可以将一个群的活跃用户分配出去，组建多个小的留量群，并通过"号召"的方式，让用户主动拉人，使多个小群逐渐变大，成为新的大群，从而实现留量的成倍增长。

而对于以 App 形式存在的留量，以支付宝为例，其每年春节发起的"集五福"活动，本质就是复制流量的过程，因为用户会在活动中进行抽卡、送卡、换卡等行为，并且可以通过邀请好友的方式增加抽卡机会。

"集五福"的过程其实是增加流量黏性的过程，用户会表现得非常活跃，而活跃用户在使用分享功能的过程中，大大提高了新用户下载、注册和使用支付宝的概率，从而帮助支付宝实现体量跃迁。

再说盘活流量。我们发现并非每一"滴"流量都会为我们所用，有很多沉默用户，以及很活跃但迟迟不付费的潜在用户，都需要通过产品服务和运营手段才能激发他们的参与和付费意愿。这个过程被称为盘活。

还以群形态的留量为例，我们常常运营多个微信群，它们大部分通过活动被建立起来，而经常在活动结束之后便被我们抛弃。实际上，这些群可以继续用来宣传别的活动，以激活群里其他未被触达的用户，只要经过多次新活动的刺激，就可以把剩余的有效流量引导出来，充实到核心留量群中。

当然，流量的盘活除了可以在单一留量形态中进行，也可以在多种留量形态之间进行。

比如跟谁学，它拥有上百个公众号，累计粉丝达 850 多万人，这些公众号之间会有粉丝重叠的情况，原因是跟谁学会在各公众号发起以资料、直播课、训练营等为主的群运营活动，用户进群后会被引导关注其他公众号，还会被引导进行分享，从而引进新流量。

总之，留量和流量之间有着明显的区别。区别就在于留量具有可控性、低成本、可复用三大特征，这三大特征是留量帮助企业实现良性增长的前提，也是我们理解留量池思维的基础。

留量池与留量池思维

留量的运营不是盲目的，而是具有系统指导思想的，即留量池思维。要想掌握留量池思维，需要先了解留量池及与留量池相关的概念。

留量池与流量池

所谓留量池，其实就是留量本身，只是用了"池"的概念让留量变得更加具象化，"池"字本身就意味着边界，这有助于我们在寻找留量时，将范围把握得更加准确。

因为有了流量，所以有留量，而有了流量池，自然就有留量池。基于我们在前面介绍的流量和留量的相关内容，也许你会认为流量池等同于留量池，但事实上，二者有着非常大的区别。

一个企业拥有流量，意味着其营销推广能力很强，而如果拥有流量池，则证明其运营能力更为突出，前者有助于企业攻城略地，后者则体现出其更强的护城河搭建能力。需要说明的是，以上只针对初创企业。

而对于大企业或大平台，如百度、阿里巴巴、腾讯、字节跳动等互联网巨头，流量就等于流量池，因为它们自身的用户体量就非常大，不仅能供其他企业或品牌使用，还可以实现持续增长。所以，流量就是互联网巨头们最大的壁垒。

此外，就流量池而言，还有公域流量池和私域流量池之分。

所谓公域流量池，就是互联网巨头们的流量池，换句话说，中国所有 MAU 过亿的 App，都是公域流量池。那么，私域流量池就是企业从公域流量池引流后自建的流量聚集地，可以是自身 App，也可以是微信生态里的公众号、小程序、微信群和微信个人号。公域流量池与私域流量池的关系如图 1-1 所示。

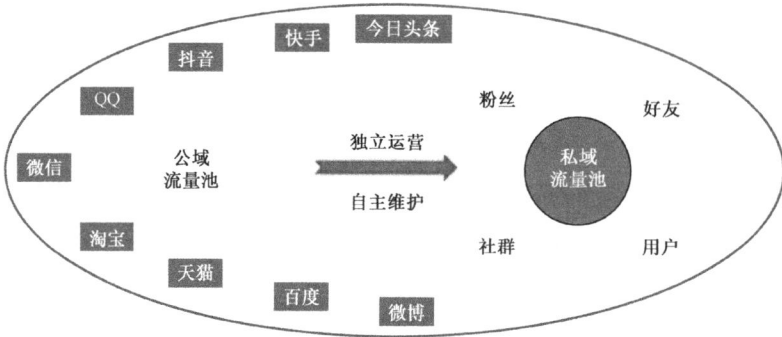

图 1-1　公域流量池与私域流量池的关系

实际上，私域流量池是针对中小企业或创业公司提出的概念，目的是提醒企业重视自身的流量建设和提升关于流量的运营变现能力，但对于流量大户来说并不实用，因为互联网巨头们的公域流量池和私域流量池并没有清晰的界限。

私域流量池的本质是对用户关系进行管理，因为私域流量和留量一样都是可控的，这意味着企业和用户的关系既可以相对紧密，也可以相对疏离，也就是说，私域流量可以分成不同的层次。

最浅层次的私域流量是公众号、微博、今日头条等社交账号上的粉丝，这是最初级、对企业信任程度最低的私域流量池。粉丝型私域流量池往往依靠运营者的持续单向输出来维持留存，内容越符合粉丝口味，转化效果越好，这也是微信公众号等流量载体的运营逻辑。

比粉丝型私域流量池更深一层的私域流量池是社群型私域流量池，即同一个微信群、QQ 群里的用户，彼此不一定是好友关系，但至少是群友关系，大家通过某种方式聚合在一起，并围绕某一事项相互交流。社群型私域流量池接收的信息是多向的，对企业的信任程度要高于粉丝型，并且能通过基于社群的持续运营，如群活动、群讨论、群直播等，提升转化效果。

比社群型私域流量池还要更深一层的私域流量池是好友型私域流量池，即微信好友和 QQ 好友，因为微信和 QQ 是目前中国主要的即时通信工具，几乎每个人的社交关系都沉淀其中。好友型私域流量池是目前被讨论最多的流量池类型，且转化效果最好，毕竟好友间可以直接且经常进行对话，只要对其保持精细化运营，经常推荐产品，就会有不错的变现效果。

关于私域流量池的分类是否仅仅是基于信任度，笔者最初的答案是肯定的。但随着实践的增多，观察的对象越来越多，笔者发现决定私域流量池层次的并非信任度，而是对关系管理的强度，从这个角度上来说，CRM（Customer Relationship Management，客户关系管理）或 DMP（Data Management Platform，数据管理平台）系统是最深层次的私域流量池。如官方网站、独立 App、微信服务号、小程序、个人店铺、微信个人号及社群运营工具等，都可以用 CRM 系统记录与用户浏览、注册、登录、预约、使用及付费等一系列行为相关的数据，并根据这些数据和用户信息进行自动化标签管理，进而实现"千人千面"的个性化运营与营销。

所以，私域流量池的类型主要包含四类，可依据其层次递进关系进行排序：CRM/DMP 系统、好友、社群、粉丝。私域流量池层次递进关系如图 1-2 所示。

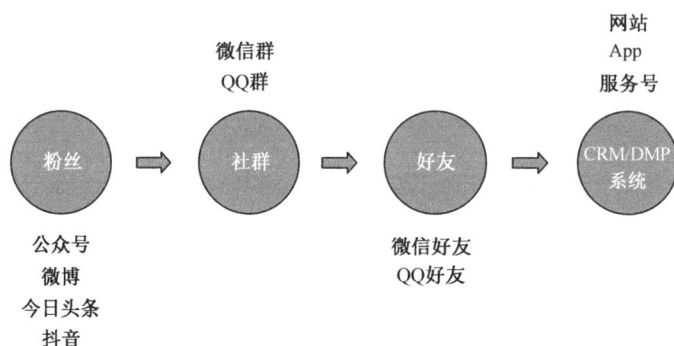

网站
App

微信群
QQ群　　　　　　　　　　　　　服务号

```
 ┌─────┐      ┌─────┐      ┌─────┐      ┌─────────┐
 │ 粉丝 │ ──▶ │ 社群 │ ──▶ │ 好友 │ ──▶ │ CRM/DMP │
 │      │      │      │      │      │      │  系统   │
 └─────┘      └─────┘      └─────┘      └─────────┘
```

公众号
微博　　　　　　　　　　　微信好友
今日头条　　　　　　　　　 QQ好友
抖音

图 1-2　私域流量池层次递进关系图

　　读到这里，有的读者可能会说，私域流量池好像就是留量池。其实不然，流量除了被运营，还要被转化，转化之后的流量就不再是流量，而是客户（主要指付费用户），而聚集客户的地方就是客户池。留量池包含客户池，因为运营客户池能带来持续的复购，而私域流量池的运营目的是变现，即实现从流量到客户的转变。

　　所以，对于"什么是留量池？"这个问题，我们便有了答案。留量池就是私域流量池与客户池的合集，即"**留量池=私域流量池+客户池**"，而留量池的运营流程，则遵循 AARRR（Acquisition、Activation、Retention、Revenue、Refer 这五个英文单词的首字母，分别对应获取用户、提高活跃度、提高留存率、获取收入、自传播这五个用户生命周期中的重要环节，即拉新、促活、留存、转化和裂变）模型。下一章我们会详解如何运营留量池，本章则以微信个人号为例，对其做一个大概的梳理。

- **拉新**：首先是设计引流产品，通过制造某种情景引发需求，然后再通过投放从公域流量池进行用户采集；其次是打磨文案逻辑，包括视频脚本，比如要通过抖音引流到个人号时，就需要对短视频进行反复拍摄。

- **促活、留存**：要想最大化释放微信个人号好友的购买潜力，就要进行社群搭建，集中运营私域流量池，而在社群搭建完毕后，需要设计一系列以促活和留存为目的的活动，如直播、打卡、接龙、秒杀及发券等，激发用户活力，为转化环节做铺垫。

- **转化**：促活、留存后的流量在社群内会完成一部分转化，另一部分需要以私聊、朋友圈剧本等形式实现成交和复购，比如对所有好友进行标签化管理，通过交流精准"定位"好友需求，并提供反馈、答疑等个性化增值服务，以建立信任，创造变现可能。

- **裂变**：基于留量进行客户裂变。需要注意两点。一是梳理裂变路径，二是设计激励方案。前者的核心是打造闭环，避免引流链条断裂，最好由个人号做闭环的首尾端；后者则需要注意奖励是否有吸引力，应以稀有、超值、刚需等作为奖励设置原则，以避免影响留量的增长效果。

实际上，留量池和流量池在运营思维上并没有太大区别，真正的区别在于留量池运营在运营私域流量池的同时兼顾了客户池，更多地利用私域流量池和客户池相结合的力量，为变现和增长提供动力。

留量池思维

最后我们来讲一讲留量池思维，这是指导留量池运营的核心思维。留量池思维与过去流量运营的思路一脉相承，同时更重视新流量运营的细节，以及对老用户的维护。根据上文中对流量池和留量池的对比分析，可知流量池就是私域流量池，而"留量池=私域流量池+客户池"。

所以，如何指导企业同时运营好私域流量池和客户池，并想办法将两者进行结合，发挥更大效用，是留量池思维的核心。**留量池思维的内容主要包括三个方面，分别是体系化运营，高效复用每一"滴"流量，以及通过创造价值带来更多用户。**

接下来我们来解读留量池思维的具体含义。

➢ 体系化运营

这里我们要理解的关键词是体系化，而所谓的体系化，就是利用你已有的与流量相接触的工具，形成一个完整的运营体系，帮助你高效地运营流量。以微信生态为例，微信生态其实是目前互联网当中最完善的流量体系，这个体系主要包含五个工具，分别是微信群、公众号、小程序、个人号和朋友圈。

五个工具各司其职，而把这五个工具相互串联起来，就是微信生态的留量池的运营核心。那么如何在微信生态中用体系化的运营思路把留量做起来？最重要的一点，就是要理清这五个工具各自主攻的运营方向。

例如，微信群适用于有效用户的存储和运营；公众号适用于最外层流量的吸引和聚集；个人号可以用来对精准用户进行连接和成交转化；朋友圈则能起到传播的作用，并帮助个人号打造"人设"（网络流行语，即人物设定，以下简称"人设"）和定位，提升个人号的粉丝黏性；至于小程序，则依托于微信群，起到粉丝促活作用，当然也承担了传播功能。

所以，如果能把这五个工具连接起来，就会形成一个非常有效的、系统化运营的流量体系，并对微信生态中的用户增长发挥巨大的作用。

➢ 高效复用每一"滴"流量

前面我们分析过，流量的一个弊端在于无法重复利用，除非把它引入一个"池塘"形成留量，进而进行反复的运营和触达。如何在反复的运营和触达当中提高效率，是需要我们思考的一个问题，而所谓高效，就在于要对用户进行精细化管理，这就要用到分层思维。

关于如何分层，我们会在以后的章节当中详细讨论。这里只提出比较重要的一点，即我们应该把流量看成一个个体，而不是一个数字。比如微信个人号，它是一个私域属性非常强的流量池，它对于用户的触达从目前来看是最高效的。

对于如何做好微信个人号，我们可以从微信个人号的标签化处理入手。所谓标签化处理，就是对添加的每一个好友，进行一次简单高效的沟通，并借此去明确好友的诉求和定位，目的是为日后的留存、转化、复购，甚至传播做准备。

标签化处理是分层思维的一个具体体现，也是保证高效复用每一

"滴"流量的前提。

同理，在划分微信群时，其实会划分出很多种不同属性的群，这也是分层思维的体现，我们可以根据具体的人群、需求、产品、行为等划分微信群的类型。比如以某知识产品的服务水平为界限，可以把微信群分为核心学员群、长期用户群、活动群三个微信群类型。再比如，以活动群为例，活动结束后这样的群基本会被废弃，而留量池思维会告诉你一定要对这种群进行再运营。

跟谁学就组建了大量的活动群，目的就是借此聚集流量。在运营精力有限的情况下，跟谁学会在群里面持续发布活动通知，虽然可能会导致部分用户流失，但也会吸引很多之前没有接触到的用户，这其实就体现了高效复用每一"滴"流量的思维。

不过，这种运营方式并非长久之计，因为一旦某个产品出现问题，用户就会在这些废弃群中进行大面积传播，很容易对品牌口碑造成伤害。

总之，高效复用每一"滴"流量作为留量池思维的重要内容之一，能对后续的留存、转化、复购、裂变等环节起到不可替代的作用。

> **通过创造价值带来更多用户**

只有真正为用户创造价值，才能引起用户的自发裂变，以此带来更多精准且高质量的用户，即实现通过口碑获客。

我们在前面提到，在类似活动群这样的环境中，负面口碑很容易得到传播，那正面口碑自然就容易在更优质、更活跃的留量池中得到传播。如何塑造优质、活跃的留量池？答案是创造并提供超越用户预期的价值，它可以是产品的使用体验，具体的服务，还可以是类似于奖励的小惊喜。用户的满意度就是产品的价值，而如果能为用户带来价值，用户就会为你带来回报。

对企业而言，用户所能给予的最好回报，就是给企业带来更多的新用户。这些新用户对企业拥有天然的信任感，且这份信任感是由原有用户所传递的。

所以在留量池的运营中，我们要时刻把握超预期价值的传递，力求通过产品的使用体验和极致服务去塑造正面口碑，实现增长。

⏱ 留量池小黑板

- ✓ 流量是商业模式中的一个关键要素，流量成本高和流量造假是企业发展的重要阻碍。

- ✓ 留量即留下来的流量，是企业需要高效使用的流量，主要有三大特征：可控性、低成本、可复用。

- ✓ 留量池与流量池的区别在于，前者包含私域流量池和客户池两部分；后者基本等同于私域流量池，忽视了客户群体。

- ✓ 留量池思维与以往的流量运营思维并无本质上的不同，只是更加注重流量池与客户池的关联，主要体现在三个方面，即体系化运营、高效复用每一"滴"流量和通过创造价值带来更多用户。

第二章

留量池与 AARRR
模型

任何一家创业公司从启动到成功，都会把一件事情当作核心，那就是增长。什么是增长？有人说是收入，有人说是利润，还有人说是市场份额，实际上都对，但这些都建立在一个基础要素之上，那就是用户。所以，企业增长的实质是用户的增长，然后才会有收入的增长、利润的增长、市场份额的增长。

留量池作为一种工具和思维模型，如何助力企业实现增长？答案是遵循 AARRR 模型。AARRR 模型其实是一种用户运营模型，而留量池思维的本质也是用户思维，强调以用户为中心设计流量的运营环节，重视流量循环，从而形成留量池。留量池思维的 AARRR 模型如图 2-1 所示。

图 2-1　留量池思维的 AARRR 模型

接下来我们分别阐述如何在拉新、促活、留存、转化、裂变这五个环节应用留量池思维。

拉新：如何找到新用户

关于拉新的定义，很多人将其等同于增长，但在实际运营中，拉新只是增长的一个环节，不能把拉到新用户等同于实现增长，其原因主要有两点。

首先，在拉新的过程中，用户需要被筛选，只有找到真正的用户才算完成拉新，这就好比从一个大池塘里捞鱼，不可能任选一条放进鱼缸；其次，虽然在某些条件下，拉新可以等于增长，但这时的留存率非常低，甚至没有留存，只能直接变现。这样的情况极少，模式也不健康，如果某个企业是这样的增长模式，那么很快就会被市场淘汰。

所以，拉新的本质还是寻找新用户，而在寻找新用户的过程中会经历三个环节：**渠道选择、内容吸引、分发引流**。

渠道选择

寻找新用户的第一步是确定用户存在于哪些渠道，比如某个平台、某类社群，甚至某个具体的线下场景。渠道的种类很多，笔者参考《拉新：实现用户指数级增长的拉新方法》一书的内容对渠道进行了盘点，一共有 17 种常见渠道。

- **软广告**：以不突兀的方式植入广告，如在公众号投放产品软文、寻找大 V 发布推荐产品的微博、寻找 KOL 出演与产品相关的短视频作品等。

- **大众媒体**：由某个行业媒体进行报道，通过投稿、采访、刊登等方式，从媒体所掌握的渠道进行曝光。

- **创意运营**：围绕产品发布需要用户参与的活动并提供相应奖励，如发布评选、投票、征集、抽奖、H5 传播等活动。

- **搜索引擎营销**：在流量巨大的搜索引擎如百度、360、搜狗等进行付费投放。

- **线上推广**：在大流量平台如淘宝、今日头条、抖音等的广告位，以及社交媒体广告位、信息流广告位、短视频广告位等进行投放。

- **线下推广**：在线下场景进行运营推广，最常用的方式是"地推"，也包括一切用户能看到的线下广告投放，如公交站牌广告、地铁广告等。

- **搜索引擎优化**：针对网页进行内容和链接上的优化，提升被用户搜索和被系统抓取的概率，实现流量吸引。

- **内容营销**：在内容型平台发布某垂直领域的内容，通过优质内容吸引精准用户，风格可以多样，如干货（网络流行语，指精炼、实用、可信的内容）或鸡汤（网络流行语，指能够抚慰心灵却不能解决实际问题的文章）；形式可以丰富，如文字或视频。

- **推送**：国外多指邮件营销，国内包括短信、客户端消息、即时通信、公众号模版消息等一切可以触达精准用户的手段。

- **口碑推荐**：指在产品或流程中植入口碑推荐机制，引起用户传播的一种手段，如公众号裂变、社群裂变、App 裂变等。

- **小程序营销**：提供免费的可供用户使用的高频应用工具，如网页插件、拍照搜题工具、题库应用等，用来吸引和留存流量。

- **商务拓展**：与在业务上有互补关系的其他企业进行合作，采取广告互推、内容合作、跨界营销等方式实现双方用户的互相导流。

- **直接推销**：通过其他渠道获得用户线索，然后由销售人员进行联络，最常见的形式是电销。

- **分销**：由产品或渠道代理商推荐客户，推荐成功后给予提成，常用推广员、合伙人、代理人等制度进行管理。

- **平台流量**：一切大流量平台里的某一细分产品领域，如手机应用商店的各类应用频道，淘宝、京东等电商平台的各个品类频道等。

- **线下活动**：指在线下环境下举行的活动，有短时间的小规模聚会，如同城读书会；有长时间的大规模展会、演讲等，如家庭教育展、全国巡讲等。

- **社群**：指通过其他渠道以某种名义聚集的种子用户群体，并以此为基础展开一系列拉新运营活动，常见的有同城群、学习群、交友群等。

在实际运营中，以上 17 种渠道并不会被全部采用，因为每种产品都有其相匹配的渠道类型，此外，碍于人力和物力，企业往往也会选择少量渠道，并按照比例分配运营力量。

关于如何筛选渠道，笔者在这里分享一种思维框架，叫作靶心思维。所谓靶心思维，就是把拉新渠道仿照靶子上的靶环一样排列，一步步确定最终渠道并投入运营。靶心思维的运用一共分为三个步骤，分别是列出外环、测试中间环和确立内环。

> ### 列出外环

这一步骤的目的是尽可能地找到所有的新渠道，可以是自己列出来的，也可以是经过团队头脑风暴列出来的，然后对这些渠道分别进行评估和筛选。外环渠道一定要列得足够全，即使是你从来没用过的渠道，但只要是同行用过的，甚至是别的行业用过的，都可以列出来，然后再一一筛除。

只有把渠道列得足够全面，才能避免错失最佳渠道。不要主观地把一些渠道屏蔽掉，而要通过小组讨论和深入思考来决定哪些渠道可以进入中间环。

> ### 测试中间环

这一步骤的目的是通过对外环筛选出的渠道展开低成本测试，进一步缩小合适渠道的范围，为确定真正的核心渠道做准备。为避免浪费时间，应同时对不同的渠道展开测试，而在具体执行的时候，有多种方法可以选择，如大家最常用的 A/B 测试。

无论用什么方法，都需要思考三个问题，以此来判断某一渠道是否有效，即获取成本是多少？获取数量是多少？获取的用户是否精准？根据这三个问题的答案，就能基本判定某一渠道能否列选，当然，最终的结果还需要通过测试的数据进行评估。

所以，在测试中间环及确立内环的环节，可以采用如表 2-1 所示的效果评估方式（样式）。

表 2-1　效果评估方式（样式）

渠道	覆盖量	访问量	未注册量	新注册量	报名量	注册转化率
渠道1	xxxxxx	xxxx	xxx	xxx	xx	x%
渠道2	xxxxxx	xxxx	xxx	xxx	xx	x%
渠道3	xxxxxx	xxxx	xxx	xxx	xx	x%

表 2-1 是各渠道常规呈现的统计数据样式，我们分别对其进行解读。

- **覆盖量**：主要指每个渠道能覆盖到的用户数量，比如，个人号有 3000 个好友，群发推广给 2500 人，覆盖量就是 2500 人；朋友圈推广有 2700 人能看到，覆盖量就是 2700 人。

- **访问量**：指扫码或点击进入落地页的人数，即 UV，这项数据由后台统计。

- **注册量**：指通过落地页等被引导注册的用户数量，同样由后台统计，不过需要区分新注册用户、老注册用户和未注册用户，以便于收集注册转化率。

- **报名量**：指通过各渠道进入落地页，并最终购买产品的用户数量，也由后台统计，是评估渠道效果的重要指标之一。

- **转化率**：是评估渠道的核心指标之一，即报名量/访问量，不过这往往是后台采用的计算公式，实际在评估转换率时，还需要统计报名量/覆盖量的结果，为合理评估效果提供另一个角度。

在实际的渠道报表里，需要统计的数据会更多，目的就是高效且全面地评估某一渠道的推广效果。笔者在负责推广某一体验课的项目时，每天都在后台盯着各渠道数据统计表，目的就是根据数据的实时变化及时调整推广策略，为筛选有价值的渠道做好评估准备。

> **确立内环**

经历了外环与中间环的筛选，会得到几个相对有效的渠道，它们将是我们在未来一段时间内实现用户增长的核心渠道，一切运营管理都将围绕它们展开。

在内环的几个渠道里，一定有一个渠道处于核心地位，也就是中间环测试效果最好的那个渠道，你要做的就是尽可能把该渠道的效果"压榨"出来。操作方法与中间环测试相同，基本原则就是从一切细节入手，不断试验、不断评估、不断调整、不断迭代。至于其他渠道，无须过多注意，运用好核心的渠道才是实现用户增长的关键。

以上就是靶心思维的大致运用流程。

举个例子，某在线教育公司经过头脑风暴选取了 10 个渠道，这就是外环。经过深入评估，挑选了 5 个渠道进入中间环，分别为搜索、软文、朋友圈、社群、地面推广这 5 个渠道。经过测试发现搜索渠道成本高，地面推广渠道效果差，剩下的 3 个渠道就此被确立为内环，也就是核心渠道。经过进一步的测试发现，软文的拉新效果最佳，于是以软文渠道为核心渠道展开运营。

内容吸引

对于大多数渠道来说，获取新用户主要靠的是内容，具体包括免费的文章、视频、音频，付费的专栏、课程，以及投放的软文、广告等形式。而内容的创作方向要以渠道为依据，只有创作出适合某一渠道的优质内容，才能够吸引精准的流量。要做到这一点，应该从两个方面入手，即内容定位和内容逻辑。

> ➢　内容定位

内容定位主要取决于用户群体和内容选题的定位。

想要确定你的目标用户群体，最简单的方式就是画出基础的用户画像，主要包含对象分类（如小学生、大学生）、对象细分（如 1 ～ 3 年级）、年龄（如 6 ～ 12 岁）、地域（如省份、城市，学校）、性别（男或女）、学历或受教育程度（如大专、本科、硕士），等等。

这是最基础的用户画像信息，目的是帮助我们在脑海中形成一个浅层的印象，避免乱铺渠道、乱撒内容。

除了基本信息，还要了解某些渠道用户群体的内容消费习惯，包括消费内容的时间（指早、中、晚的具体时段）、消费内容的入口（如推荐栏、搜索栏）、消费内容的时长（如半小时、两小时，甚至一天）、喜欢的内容形式（如文字、图片、视频、音频）等。

用户画像信息包含多个维度，以上列举的这部分只是冰山一角，细致的画像需要由大数据技术去实现，而对运营人员来说，在了解了有限、基础但关键的信息后，就可以确定某渠道用户的"位置"。

举个例子，如果你想从某教育论坛进行引流，最基本的方式就是发帖子，但这个帖子发在哪里，就取决于上面提到的基础用户画像。

例如，我的目标用户是北京市初中二年级的学生家长，这是一条基础信息，它帮助我先找到"北京站"的网页，然后进入初中二年级的板块。而为了保证引流效果，还需要收集这类用户的上网习惯，于是我通过调研、体验等形式发现，上午 9：00—11：00 是这类用户的上网活跃期，并最终选择在该时间段发布帖子。

这就是用户画像的作用。而此时为了实现精准的引流，还需要进行另一个层面的定位，即内容选题的定位。

内容选题的定位至关重要，尤其是在文章和课程等内容形式中，选题决定了一半以上的引流效果，而其定位的核心在于找到用户的需求、痛点和口味。

所谓需求是指在某一方面有缺乏感，如成人用户存在职业规划、专业证书、职场技能等方面的需求；家长用户存在亲子关系、升学指导、学科方法等方面的需求。

至于痛点则是需求中用户更为关注的那一部分，例如，对小学生用户来说，数学提分是需求，容易丢分的数独和计算题就是痛点；对白领用户来说，投资是需求，不会理财就是痛点。

那什么是口味？这是一个相对复杂的概念。比如对于文章的风格，是偏向于诙谐幽默还是严肃认真？对于短视频的视觉效果，是更喜欢美女云集还是猫狗萌宠？对于课程的导师类型，是倾向于权威专家还是网红博主？说得简单一点，口味就是用户对于内容的具体偏好，考量的维度很多，不能一概而论。当然，考量的维度越多，对口味的把握就越精准，只要投入足够的精力去研究，就可以用某一固定类型的内容满足用户。

以课程为例，具有拉新性质的课程一般具备以下几个特点。

- 普适：学习门槛较低，常用"小白""入门""零基础"等关键词。

- 有趣：内容轻松，容易带来成就感，如魔方课、折纸课、动手实验课。

- 低价：相对于免费产品，低价产品能过滤无效用户，提升用户精准度。

- 强体验：采用和营收型产品相近的配置和服务，如采用直播形式而非录播形式，设置答疑环节，导师资历深厚，甚至是权威专家等。

● 系统化：课程内容有比较流畅清晰的体系，每节课之间的内容层层递进、衔接分明，能让用户一目了然。

举个例子，某在线教育公司曾推出《给孩子的数学魔方课》，其用户年龄限定在 5～12 岁。从大纲来看，内容由基础到进阶，层层递进，且老师是中科院博士，水平够高，背书够好。而这个课程定价为 1 元，采用了直播形式，满足了上述所列的拉新课程的特点。

回到内容定位本身，在大多数时候，明确需求及痛点是比较关键的一环，针对这一环，笔者认为有三个较为有效的方法。

第一个方法是调查问卷。这是最容易上手的方法，通过对用户做调研，可以减少很多不必要的工作量。关于做调研，核心的环节还是调查问卷的设计，笔者认为问卷必须包含三个部分。第一部分是用户画像，如用户年龄、性别、所在地区等；第二部分是用户痛点，要列出足够多、类型明确、能归位到相应场景的痛点；第三部分是用户对于产品的要求和建议。

当问卷设计完成后，必须以"小白"视角进行测试，并对问题的描述和排列进行调整，使问卷更加易于填写。

第二个方法是观察竞争对手。即同行做什么比较多，你就马上跟进。但前提是你们的用户足够重叠。笔者曾做过关于作业辅导的引流产品，当时看到竞争对手做得不错，在笔者这里却反响平平，后来经过反复考察才明白，这和用户属性有很大关系。

第三个方法是制作热点日历。这是另一个提前判断用户需求的方法，即根据用户的特点列出产品规划，形成执行日历，这是一个高效的方法，能防止我们错过重要时机。例如，在教育培训行业，很多大型机构会推出长期的学科运营活动，里面所有的内容都是根据热点日历提前制定的。

> **内容逻辑**

如果说内容定位能帮助我们吸引精准流量，那么内容逻辑则是实现流量吸引的保障，并有助于完成流量从一个洼地到另一个洼地的流转。

我们看到的大多数原生内容，如引起广泛共鸣的刷屏文章、火遍全平台的有趣短视频，都是以内容定位为基础，然后通过大纲、脚本等内容逻辑工具组织生产出来的。用户在欣赏完内容后，在满足感和欲望的驱使下关注账号，这就是内容涨粉的基本逻辑。这里我们以文章为例对其进行简单阐述。

优质文章写作的关键点无外乎两个，一是起标题，二是写内容。笔者推崇两种标题起法，即颠覆认知法和关联名人法。所谓颠覆认知法，就是让你的标题表达不符合常理和读者直觉的观点，用户一旦被颠覆了认知，就会产生好奇心，进而点击和浏览你的文章。笔者曾写过《决定孩子一生的不是高考，而是四、五年级和初二》一文，这篇文章在今日头条上的阅读量高达几十万次。而关联名人法，则是让标题和有名的人物、事件、企业等建立联系，这种起法一般用于追热点的文章，常和颠覆认知法一起使用。例如，《马伊琍女儿拿全国冠军：父母对孩子的教育，本质就是价格歧视》一文，就是借助这两种标题起法获得了 10 万以上的阅读量。

对于写文章来说，起标题几乎要占据一半的时间，剩下的一半时间就是依据框架打磨内容，文章的框架有很多种，笔者在这里简单介绍三种。

第一种内容框架是"SCQA"，即"场景—冲突—疑问—答案"框架，这是一种公式化的写作框架，非常适合软文和简短的推广文案的写作，但需要创作者擅长故事性描述。笔者曾利用该框架推广过一款叫"技能地图"的产品，转化率不错，文案读起来也较为通顺。

第二种内容框架是"故事+鸡汤"，这是一种由多个故事与鸡汤段落组合的结构，这种类型的文章易于传播，即使是在以算法推荐为主的内容平台也是如此。故事鸡汤文的创作其实很简单，首先要收集大量故事素材，并进行编排，其次是明确主题，将与主题契合的故事进行串联，最后是提炼鸡汤金句，使读者产生共鸣。

第三种内容框架遵循黄金圈法则，也叫"WWH"法则，即"是什么—为什么—怎么办"。这种写作框架其实更容易被用户理解，难点在于它需要对一个问题进行详细剖析和论证，这需要强大的逻辑推理能力。长期坚持这种写法，对于逻辑思维的锻炼大有裨益。

分发引流

优质内容想要吸引流量，还需要经过分发这一步骤，具体来讲有两个常用策略：统一分发和垂直运营。

统一分发，顾名思义，就是把一个平台的内容同步到其他平台，这是很多自媒体最常用的引流策略之一。

以文章的分发为例，笔者关注的很多互联网类自媒体，无论大号还是小号，都会在如今日头条、知乎、36 氪等多个平台分发文章。

为什么要采用统一分发策略？因为它简单、直接、高效。首先，只需一个人就能完成内容的多平台分发，如果平台数量少，只需通过人工编辑就能发布；如果平台数量多，可以选择通过专门工具实现一键同步。另外，很多平台支持直接抓取微信公众号的内容，只要设置成功，在微信发文就能自动实现多平台同步。其次，统一分发有助于创作者专注于原平台内容的输出，不需要过多考虑其他平台的内容特点与阅读效果。经过长期输出，不同主题和类型的内容会在不同平台成为爆款，而整体还会有可观的增长。

至于垂直运营，则需要组建专门的团队，团队里每个人选择一至两个平台进行"深耕"，并依据平台特点进行输出，直至摸索出可复制的经验，实现规模化运作。在微信做公众号矩阵的自媒体团队，以及在灰、黑产领域的做号团队，都采用这一策略进行大规模引流。前者多输出正规、原创及有价值的内容，很多都是内容平台上的优质创作者，后者几乎是所有内容平台的打击对象，常常通过抄袭、粘贴、拼接等伪原创手段牟利。

除了通过研究平台内容特点来进行深度运营，还可以利用平台的其他流量规则。如今日头条、腾讯新闻、知乎等平台都设有发布问答、发布视频、发布动态等功能，内容创作者可以通过输出这些形式的内容，进行更深入、更系统的运营，最大化挖掘这些平台的流量。

通过优质内容吸引到流量后，需要给予用户"利益点"，并留下入口，完成最后的拉新。所谓"利益点"，就是给予用户符合其需要的东西，如红包、免费资料、可试用的方案等。而入口的类型可以是微信号、QQ 号、微博 ID 等社交媒体账号，也可以是 App 下载地址或注册地址，当然，最常用的还是二维码。不过需要说明的是，多数平台和渠道禁止直接引流，只要带有二维码、QQ 号、微信号、外链（微信公众号影响不大）等的内容，都会被判定为广告。

有两个方式可以最大限度规避此类限制带来的影响。

第一个方式是在评论区进行用户引导。如提示用户有丰富的内容模板和使用教程可以领取，只需到某公众号回复关键词或搜索添加微信号即可。这是一种相对保险且简单的引流方式。第二个方式是通过私信引导用户关注平台账号，即在私信里直接推给对方外部跳转链接和具体领取方式，以及微信号、QQ 号等入口。这种方式虽然比较考验内容吸引力，但相对来说更加安全。

总之，拉新的目的决定拉新的策略，这是最基本的运营原则，而另一条原则是保证优质内容的供给，毕竟只有好的内容才能带来精准的流量。

促活：如何把新用户留下来

通过外部渠道引入新用户之后，就要想办法将其留下来，这一步叫作促活。促活的目的主要有三个。

第一个目的是降低拉新成本。我们都希望获取新用户的成本是非常低的，而这里的新用户指的是有效用户，也就是注册账号或下载 App 后愿意使用的用户，这样的用户显然只能占到新用户的一部分，而这个比例越高，拉新成本就越低。所以，促活的本质就是提升有效用户的占比。

举个例子，如果你花 10000 元吸引了 100 个用户完成注册，其中有 50 个用户打开 App，那么有效用户比就为 50%，有效拉新成本就是：10000（元）/50（人）=200 元。如果通过促活手段将比例提高 10%，即提高至 60%，那么有效拉新成本则为：10000（元）/60（人）=166 元，拉新成本显著降低。

第二个目的是提升新用户留存率，进而提升长期用户留存率。新用户留存率与长期用户留存率之间的关系如图 2-2 所示。

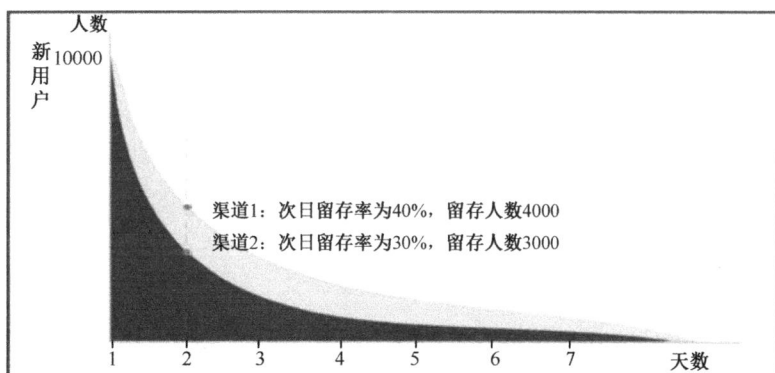

图 2-2　新用户留存率与长期用户留存率之间的关系

从图 2-2 可以看出，次日留存率提高 10%，新用户流失的数量减少、速度有所减缓，长期用户留存率有明显的提高。而通过对比不同留存曲线所围成的面积可以看出，长期留存量也是明显增多的。其中，次日留存率为 40%的渠道的长期用户留存量体现为"灰色+黑色"面积，次日留存率为 30%的渠道的长期用户留存量则体现为黑色面积，前者明显大于后者，而灰色面积体现的就是增加的长期用户量。可见，促活环节可以有效提升新用户黏性，从而间接减缓长期用户的流失惯性，扩大留存用户规模。

第三个目的是使运营策略更容易落地。相比于长期用户，新用户的来源可控、可查，用户行为也相对简单。只要分析新用户来源，以及通过新用户的使用反馈对个别环节进行优化，就可以有效提升活跃度，所以，促活是一项效率非常高的运营工作。

接下来我们就从实操角度讲解如何对新用户进行促活，从而提升用户活跃度和留存率。

根据增长黑客理论，成功激活新用户的标识是用户找到使用产品的"啊哈时刻"，也就是用户体验到产品价值后感到惊喜的那一刻，感受到这个时刻的用户越多，用户激活率就越高，新用户留下来的概率也就越大。要想达到这一目标需要注意两点：引导新用户找到关键行为，让用户体验到产品核心价值并过得回报。

找到关键行为

根据《硅谷增长黑客实战笔记》的作者曲卉老师的定义，让用户通过某个特定行为迅速找到产品的"啊哈时刻"，这个特定行为就是关键行为。

笔者通过简单剖析三种类型的产品，来解读什么是关键行为。

首先是内容型产品，如今日头条和哔哩哔哩，它们的关键行为就是用户在一定时间段内完成至少一次特定时长的阅读或观看。换句话说，就是至少读完一篇文章或看完一段视频。注意，笔者这里用了"至少"两个字，这意味着内容型产品的关键行为可能不止一次，而是多次。

清楚这一点，就可以用同样的逻辑来确定工具型产品和交易型产品的关键行为。

工具型产品的关键行为，是用户在一定时间内完成至少一次核心功能的操作，如拍照搜题软件，它的关键行为可能是在一天时间内完成至少一次题目拍照，并且查看搜索结果是否符合预期。

交易型产品的关键行为，则是用户在一定时间内完成至少一次付费下单，即新客首单，常见于电商 App。

曲卉老师在《硅谷增长黑客实战笔记》一书中将关键行为描述为：谁在多长时间内完成多少次某种特定行为。这个定义相当精准，但不见得适合所有情况下的促活操作。其问题就在于，对于"多少次"，我们要么是根据数据判断，要么是根据经验判断，而大部分运营人员显然是后者。

在实际情况下，用户只要完成一次特定行为，就说明用户是有效的，所以笔者将关键行为定义为：谁在多长时间内完成至少一次某种特定行为。这个改动有助于我们减少无效的工作，让促活目的更清晰、操作更简单。

而关于如何引导用户完成关键行为，有两个核心策略。第一个策略是通过告知用户关键步骤，引导发生关键行为；第二个策略是根据路径转化漏斗，优化新用户体验。

➤ 通过告知用户关键步骤，引导发生关键行为

对于任何产品，用户都需要花一些时间研究后才能触发关键行为，我们所能做的就是尽量减少这一环节的用户流失。

最直接的办法就是将产品的使用流程拆解为多个详细步骤，并且

采用箭头和文案的形式引导用户一步步完成，进而发生关键行为。如内容型产品，其使用流程就可分解为选择兴趣标签、点击展示内容、下滑浏览详情三个环节，有了这样的引导，用户很容易快速上手。

采用分步骤引导的方法能够有效降低用户行为成本，提升行为完成率。某头部在线教育机构曾用付费解锁的方式进行引流，在解锁环节中测试了多种引导方式，最后采用分三个步骤进行引导的方式，将公众号关注率提升到了 95%。

此外，还可以依靠纯运营手段去激活用户，但效率相对较低，且对于文案的要求很高。比如在基于社群模式的促活行为中，如果引导新用户参与体验性的活动，就需要不断地提醒并且在文案上展示行动指令，这显然会影响群内成员的体验。对此可以采用的改进方案就是尽量把行动指令用最简洁的方式表达出来，如篇幅要在用户可接受的长度范围内或内容采用图片和视频等形式呈现。

> **根据路径转化漏斗，优化新用户体验**

虽然采用分步骤引导的方式可以提高用户激活成功率，但也有一个弊端，就是每一步都会有用户流失，如果流失量较大，用户激活概率反而会降低。另外，分步骤引导对于用户来说也是体验的一部分，过多的引导步骤会造成不良的用户体验，降低激活概率。所以，我们需要组建基于产品使用流程的路径转化漏斗，通过分析每一步造成用户流失的关键因素，找到改善的办法，以及决定是否需要增减步骤。

由于不同类型产品的用户引导路径和步骤是不一样的，这里我们只列举基于漏斗数据的两种策略。

第一种策略是优化每一步的引导页面，包括页面的文案、视觉效果、模块布局等，常用的判断方法是 A/B 测试。例如，在 App 注册成功后的弹窗页面中，最好把针对新用户的优惠活动展示出来，并且根据 A/B 测试结果，把行动指引也展示出来；再如在免费课程的报名页面添加简洁清晰的卖点介绍及提升信服力的营销要素等。

第二种策略是对每一步引导都提供及时的激励反馈，这个激励多是虚拟的，大多为积分、金币等形式，可用于兑换奖品或提现，这样做的目的是通过任务化奖励来增加用户的行为动力。例如，趣头条对新注册用户的引导就是以小任务的形式进行的，且用户每完成一个小任务，都会直接弹出金币奖励，以此激发用户的使用欲望。

获得价值回报

当新用户完成关键行为后就可以享受到产品的核心价值，并收获"啊哈时刻"。至此，促活的目的基本达成。不过，不同产品的"啊哈时刻"也不尽相同。

内容型产品的"啊哈时刻"，是用户在阅读文章或观看视频时收获良好体验的时刻。典型案例是哔哩哔哩，它的"啊哈时刻"就是为用户呈现出充满二次元属性的内容和良好的弹幕氛围的时刻。

工具型产品的"啊哈时刻"，是用户使用核心功能后问题得到解决的时刻，这个问题可以是真需求，也可以是伪需求。如拍照搜题类 App，解决的就是真需求（寻找正确答案）；曾经火遍全网的 AI 换脸工具"ZAO"，解决的就是伪需求（明星换脸），满足的是用户的猎奇心理。

交易型产品的"啊哈时刻"是用户买到心仪的商品并享受到优质服务的时刻。如京东的"啊哈时刻"，就是用户买到价格合适的商品，并且享受到较快的物流速度的时刻。再如在线教育类产品，它的"啊哈时刻"就是学习知识和接受老师的专业性辅导的时刻。

简单来说，"啊哈时刻"就是享受产品核心价值后所获得的心理回报。产品有足够多的"啊哈时刻"即较丰厚的心理回报，可以促使用户采取后续行动，进而演变为长期行为，而这一切的前提是我们能为用户提供优质内容或服务。

以知乎为例，它的核心功能是提问和回答，满足用户解疑释惑的需求。所以要想吸引新用户，最好的方式是把热门问题展现在他们面前，并且优先展示高赞答案，即将优质内容作为激活策略使用。再如很多教育类 App 会把优质教师所讲的报名人数较多的体验课优先展示，目的也是希望通过好老师和好课程最大限度地留住新用户。

然而，很多时候运营者或产品经理只会根据经验来猜测、评判产品是否优质，这显然不符合用户的思维习惯。

评判产品是否优质的标准，往往是由用户决定的，其可以通过大数据来筛选。而从运营的角度来讲，用户需要、喜欢和超出用户预期的内容或服务，基本就可以被认为是优质产品，这也可以作为我们在制订具体促活策略时的基本原则。

而对于优质服务的提供，多集中在产品售前或售后环节，且由客服承担。但在某些行业，如教育培训行业，则会用体验课的形式来实现用户激活，其本质逻辑只有一条，就是用超出用户预期的课程服务体验来打动用户。

留存：如何把新用户变成老用户

谈到产品增长，很多人都关注流量，但其实更应该关注留存率，即留存用户占当时新增用户的比例，因为产品只有较高的留存率，才有可能获得长期稳定的增长，尤其是用户规模的增长。

《硅谷增长黑客实战笔记》的作者曲卉曾在书中举过这样一个例子：假设 a 公司和 b 公司从零起步，a 公司月留存率 80%，月新增 500 万用户；b 公司月留存率 95%，月新增 250 万用户。6 个月后，a 公司依旧领先 b 公司，而 3 年之后，b 公司将反超 a 公司。

这就是留存的复利效应，它将保证发展处于相对劣势的一方拥有反超的机会，以时间换空间，而能实现这一战略目的的前提，就是拥有较高的留存率。如果把 a 公司和 b 公司换成任意一家其他企业，依然同理。

所以，留存率是产品增长需要关注的核心指标之一，那如何才能保证留存率？只需把握一点——把新用户变成老用户。

老用户不一定是付费用户，而是长期活跃的具有黏性的用户，具体表现为对产品有较高的使用频率和较长的使用时间。所以，把新用户变为老用户要从提高他们的使用频率和延长他们的使用时间入手。

想要新用户愿意高频且长期使用你的产品，就要让他们体验到产品的核心价值及"啊哈时刻"，这是新用户转变为老用户的关键动力。此外，还有其他几个驱动方式，笔者总结了如下三种。

个性化推荐

所谓个性化推荐是根据每个用户的需求或兴趣持续提供他们喜欢的内容和产品，操作前提是用户画像足够清晰，用户需求足够明确。

当我们想要深入了解一个用户时，可采用的方式主要有两种，一种是一对一与用户进行深度交流，另一种是基于用户行为的大数据进行算法分析。前一种方式多用于高客单价消费阶层的 C 端用户和 B 端用户的长期维护，因为彼此有较强的信任关系，且对用户需求的掌握相对精准，所以在推荐新产品时，会有很大的成交概率。后一种方式则是内容型 App 和交易型 App 的主要留存手段，如今日头条和抖音的内容算法推荐、淘宝和京东的购物车商品算法推荐等，都是通过精准的内容和产品推送，吸引客户持续阅读和下单。

接下来，笔者以内容类 App 为例，从用户入手，简单分析通过个性化推荐提升留存率的过程。

➤ 选择内容标签

一般在促活阶段，系统会引导用户选择感兴趣的内容标签，这是个性化推荐的前提，也是数据记录的起点。例如，假如笔者注册一个内容类 App 的账号，选择了历史、搞笑、科技三个标签，进入正式界面就会看到依据这三个标签推荐的几条内容，这些内容多数是优质的。在这种情况下，标题吸睛、含有关键词、配图诱人等都是吸引笔者点击内容的关键因素。

➤ 记录浏览行为

只要用户点击并浏览文章，系统就会开始记录用户的行为，如记录用户阅读文章的速度，记录用户点击相关的文章的频率，以及记录用户是否有对这些文章进行点赞、分享、评论、收藏等。

➤ 优化推荐模型

记录用户行为后，系统会将其转化为数据输入到算法模型里。同时，因为用户的行为一直在被记录，更多维度的数据会将算法模型持续地优化下去，更多符合用户需求的内容也会涌现出来，从而让用户花越来越多的时间去使用产品。

事实上，今日头条和抖音能够崛起，就得益于个性化推荐带来的增长效果，尤其是抖音，借此在短短几年内就跻身互联网大规模流量池之一，成为兵家必争之地。

笔者在刚接触抖音时，就瞬间被系统推荐的有炫酷特效的视频所吸引，后来因为经常浏览这类视频，系统就持续推荐同类视频，导致笔者每次打开抖音都会花费几个小时的时间进行浏览，相信有很多朋友也都有过类似的感受。可见，算法的个性化推荐能让用户投入足够的时间到产品中，这必然会推动留存率的提升，为变现提供可能。

精细化召回

精细化召回是提升留存率最基本和最稳妥的手段之一。

在做用户分层时，我们往往依靠用户分层模型，常用的用户分层模型有如下几种。

- **分群模型**：将某一层用户按照某一维度进行划分，比如将注册用户按照年级或地区分群，另外还可以按照多个维度进行分群，常基于两个维度，画四个象限，然后再定义每个象限的用户属性。

- **金字塔模型**：根据业务流程或参与度等指标对用户进行分层，分层后用户整体分布呈金字塔状。如按照"下载→注册→付费→复购"模型可将用户分为新用户、兴趣用户、付费用户、忠实用户等。

- **RFM 模型**：取最近一次用户行为时间（Recency）、用户行为频率（Frequency）、用户行为带来的"总收益"（Monetary），从这三个维度划分用户层级，并据此分类和设定运营指标。

- **生命周期模型**：用户生命周期分为新手期、成长期、成熟期、衰退期、流失期五个阶段，可根据各阶段的特点，针对不同阶段的用户设计运营目标和策略。

以上就是常见的几种适用于提升留存率的用户分层模型，接下来重点讲解如何使用用户分层模型进行精细化召回，提升留存率。

精细化召回就是在用户分层和流程上做细节化的操作，从而保证整体召回效果，它的逻辑很简单，即**设目标→分用户→找问题→定策略→迭代流程。**

接下来我们就以活动激励作为召回策略，以实现某读书类 App 留存率的提升为例，讲述如何根据这套逻辑进行精细化运营。

- **设目标**：根据流程引导读书类产品已有的用户参与活动，实现召回，目标为提升读书产品的 DAU。

- **分用户**：选择以上列举的用户分层模型进行分层，如通过生命周期模型对用户进行分析，并依据产品使用时长，得到 5 个有效用户层级，然后再根据数据对用户进行标签化管理。

- **找问题**：观察不同层级用户的数量和标签，分析每个层级用户的实际需求和特点，如新手期用户就有对读书产品不够熟悉、黏性不强等特点。

● **定策略**：为不同层级用户设置针对性活动，如对成长期用户采用正常促销策略、对成熟期用户采用"少量优惠+新书上架通知"的优惠策略、对流失期用户采用"大促活动+高频率推送召回"的策略。

● **迭代流程**：根据策略设计具体的召回流程，并依据数据跟踪检验活动激励的效果，尤其是在节点、文案、布局、路径等方面，要根据数据结果，及时进行调整和优化。

无论哪种用户分层模型，都可以利用这套逻辑来设计具体的精细化召回策略，以提升产品的留存率。

设计任务体系

除了个性化推荐和精细化召回，还有一个能够提升用户黏性的留存策略，即设计任务体系。

它的原理其实很简单，就是将所有相关步骤拆成多个小任务，用户每完成一个小任务就可以获得可累积的虚拟奖励，以此促进用户持续完成任务，直至形成习惯，从而提升用户对产品的使用频率并延长用户投入产品的时间。

为什么任务体系可以让用户形成习惯？主要基于一个经典的产品运营模型：**触发→行动→多变的酬赏→投入**。

> ➤ **触发**

所谓触发，就是让用户使用你的产品，但触发需要诱因，即吸引用户产生使用行为的主要动力。诱因有很多种，既有视觉上的，也有听觉上的；既有外部的，也有内部的。

由外部诱因产生的触发叫作外部触发，由内部诱因产生的触发叫作内部触发。很多时候，用户使用行为的"开启"都是由外部触发完成的。例如，你在朋友圈看到一张醒目的海报，海报文字内容为"1小时学会 PPT 版式设计"，而此时你正在发愁 PPT 的设计问题，于是在外部触发下，你扫码查看了具体的内容，"开启"使用行为。

而在任务体系下，通过短信、App 的推送消息、公众号的模板消息等方式发送召回信息，则是最常见的外部触发方式。当用户看到这些渠道发送的任务信息时，常常会因为好奇而点击，由此进入执行关键行为的阶段。

> ➤ **行动**

行动是该模型的第二个环节。所谓行动，就是用户出于某种期待做出的行为和举动，这种举动往往会在关键行为的引导步骤下发生。还以朋友圈的海报为例，扫码查看具体内容就是用户被触发之后的行动。

而对于任务体系的设计来说，让用户完成的每个具体任务就是该模型的行动环节，如签到、分享、阅读、回答等。其中，任务中规定的任意行为都要有简单的说明、引导或跳转，因为用户愿意做出行动主要出于两个动因：一个是该行为简单，易于操作，不需要付出较高的学习成本；另一个是用户有做出行为的主观意愿，一旦违背这两个动因，任务体系将失去作用。

> ➤ **多变的酬赏**

前面提到，用户在做出行动时是有所期待的，这意味着我们要在对应环节回应这个期待，也就是对用户行为做出一定的反馈，即酬赏。

首先，酬赏是多变的。这个特点体现在用户做出行动的过程中，即让用户感到不断有惊喜出现。比如你在扫码查看课程内容时，发现大纲描述的内容非常符合你的需求，而你的预期是其与你以前看到的大多数大纲相似，这就是多变的酬赏。

对于任务体系来说，用户完成任务就会感受到多变的酬赏，例如：

- 阅读完一篇文章，恰好这篇文章质量很高，这是第一种酬赏；

- 完成任务，系统给予对应的虚拟奖励如 50 积分，这是第二种酬赏；

- 在查看积分奖励时，发现累积的积分可以用来兑换奖品或参与抽奖，这是第三种酬赏。

经过这三种酬赏的叠加刺激，用户更愿意进行下一个任务，直至完成全部关键行为。

所以，在设计任务体系时，酬赏的形式至关重要，它决定用户的下一步行动，以及对产品的后续使用。

> ➤ 投入

投入是该模型的最后一个环节，即让用户有所付出，只有让用户对产品有所付出，才有可能启动下一次触发、行动和酬赏，让该模型实现循环。

典型的投入形式有：免费领课、付费下单、虚拟充值、兑换奖品及收藏文章等。

在设计任务体系时，将积分体系与商城兑换、现金充值等流程打通，以及完成任务后赠送和产品相关的奖励、权益等，都是让用户进行投入的有效手段。

通过使用该模型的框架进行分析，我们可以发现任务体系帮助产品提升留存率的底层逻辑，只要把握好从"触发"至"投入"几个环节的相关要点，就可以有效提升留存率。

以上就是留存环节中让新用户变为老用户的底层逻辑和相关策略，我们在运营不同类型的产品的时候，可以参考相关内容，进行更有效的策略设计。

转化：如何把老用户变成"印钞机"

经过拉新、促活、留存三个环节之后，流量基本就变成留量，但留量要贡献价值才能产生作用和意义。

很多人在做运营时，虽然懂得如何与用户打交道，但却不太会让用户下单，因为觉得这是一件"羞耻"的事情。其实，无论做任何运营工作，最终的目的都是转化，否则你做的一切都将失去意义。

什么样的用户愿意为产品买单？首先，最好是留存用户，因为其对产品信任度最高，转化难度相对较低；其次是有明确需求的用户，而你的产品恰好能够满足他的需求。按理说这样基本就能达成交易，但事情往往没那么简单，用户远比我们想象得更加谨慎。这就需要我们在营销上下功夫，据此，笔者总结了三个营销关键点。

人性营销

利用人性进行营销转化，是非常有效的营销方法，笔者认为基于以下六种用户心理的营销玩法非常适用于留量池的转化。

➤ 互惠型营销

互惠的原理是当别人给了你好处时，你的心里会产生一种亏欠感，使你想要回报对方。

正是基于这样的原理，才有了我们熟悉的免费试用、团购、抽奖等营销玩法。例如，在抽奖时，活动组织者会让一部分人先中奖，然后吸引另一部分人购买，因为中奖者往往会成为抽奖活动的口碑传播者；再如拼团，首先告知用户商品有优惠，然后要求用户转发朋友圈邀请更多的人加入，这么做不仅能增加用户量，还能增加用户获取优惠的难度，有难度，用户才会珍惜。

其实，营销的一大任务就是建立人与人之间的联系，所以，多从互惠角度思考和设计优惠方式，对变现有巨大的帮助。

➢ 承诺一致型营销

承诺指的是卖家做出的承诺，一致则是指卖家兑现承诺。只有实现承诺一致，用户才会对卖家产生轻度信任。请记住，是轻度信任，也就是会考虑试一试。

那怎么才能实现承诺一致？其基本方法是先做出承诺，再给出实现承诺的保障措施和成功案例。对多数产品来说，让用户感受到承诺的方式就是列举成功案例，最直接的方式是展示用户好评，即客户证言。某些阅读打卡类产品，就把承诺一致这个要素放在产品设计里，例如承诺打卡满多少天退学费，坚持打卡多长时间瓜分现金等。

总之，通过承诺一致型营销，能提升用户对产品的信任度，从而有效提升用户的参与欲望。

➢ 权威型营销

权威型营销的种类有很多，如专家证言、检测报告、资质证书、名人推荐等。实际上，权威在产品转化中的作用，是把权威性转嫁给具体的活动、产品和服务。

我们看到的很多营销海报，都用到了这个营销方式。例如把知名分享者或有影响力的意见领袖作为背景展示在海报里；再如在文案上突出分享者吸引眼球的头衔，并配合呈现分享者最擅长的领域内容。

通过这些处理技巧，用户会因为熟知这些权威人物，自然而然地信任这个产品，继而达成变现。不过，目前对于权威型营销的真实性，广告法有严格的规定和限制，在个别行业甚至不允许使用此类营销手段，除非能提供符合事实的证明，这无疑给变现增加了难度。

> **从众型营销**

从众是人类固有的心理，也是在营销中常用的一个要素。

为什么当你看到别人在朋友圈背单词打卡时，自己也想背单词？为什么你会效仿身边人的行为？这是因为人们常常习惯于以他人的行为和思想作为行动的参考标准，尤其当某种事物存在不确定性的时候，周围人的做法对个人的决策有很大的影响，而当一个人拿不定主意时，认同别人的可能性更大。

这种心理给产品提供了很大的传播空间，而从众行为的发生多来源于人与人之间的联系和信任，所以在进行产品营销时，我们可以多使用用户故事营造一种大家都喜欢并在使用的场景；在宣传时，还可以添加用户的反馈或数据去提高产品的可信度与购买量，比如在宣传海报上添加"已有 x 人报名"等文字。

可见，从众心理不仅利于传播，也利于转化，是变现的必备营销要素之一。

> 喜好型营销

试想一下，为什么你的产品包装很好，品质也不错，却还是没有用户购买？答案就是，没有让用户产生需要的感觉。想要做到这一点，就要学会利用用户喜好进行营销。

有很多营销海报会在文案和价格上迎合用户喜好。即文案要突出用户痛点，并给用户提供解决方案，这一点做得比较好的是有书，它的经典文案《你有多久没读完一本书了》击中了很多人的痛点，帮助它赢得千万用户。而针对价格进行营销的典型案例是新世相的营销课，它利用"每万人涨五元"的加价策略，成为当年的首个刷屏（网络流行语，指互联网上某种重复信息集中出现的现象）案例。

所以，喜好型营销很有效，尤其适用于文案设计和价格策略的制订，可以对营销变现起到推波助澜的作用。

> 稀缺型营销

在销售产品时，商家往往会采用限时、限量等策略让用户产生抢购的冲动。其背后的原理很简单，即稀有的东西更能令人产生冲动，这种冲动与普通的渴望相比，对人有更大的激励作用。

稀缺效应在营销上的应用，多体现在数量和时间上，如"仅剩 x 个名额""到 x 时间截止"等。不过，我们对稀缺程度的设置要合理，程度过高用户容易放弃，程度过低则会失去激励作用。

价格杠杆

转化的第二种方法，是利用价格杠杆为用户提供购买动力，这一过程被称为定价。

价格是由价值决定的，并且围绕价值上下波动。但在很多时候，价格在某种程度上是由用户眼中的价值决定的，而不是成本。换句话讲，价格并不完全是基于价值生成的，也基于用户普遍的心理接受程度。所以，定价者需要有把控用户心理的能力。

首先要分析清楚，用户在判断价格时会受到哪些心理因素的影响。第一个因素是绝对值盲区，即人们对相对差异异常敏感，对绝对值不敏感，也就是对产品价格的绝对值不敏感。

第二个因素是环境线索，也就是普遍存在的某类产品的价格，它是人们判断某件商品价值的参照物。比如某高端矿泉水售价是 5 元，我们会觉得很贵，因为我们日常在超市看到的矿泉水价格在 2 元左右，这个 2 元的价格就是环境线索。这个例子也从侧面说明了人们对绝对值不敏感，但对相对差异敏感的现象。

第三个因素是支付意愿，也就是人们愿意出多少钱买一件产品，这是一个很容易受到干扰的因素。根据一个心理学实验，如果在景区问游客对一瓶啤酒的心理价格是多少，人们给出的平均价格是 1.5 美元，而把场景切换到五星级酒店的酒吧，这个价格就变成了 2.65 美元，可见，环境会显著影响人们的消费预期。还有很多类似的实验说明，人的支付意愿容易被很多外界因素所干扰，如逛超市的顺序、灯光亮度、音乐类型等。

综上所述，价格在某种程度上就是商家在用户心里建立起来的心理印象，并不完全是由成本、供需等因素决定的。但是，价格由价值决定的原理依旧是定价的基本前提，因为价值决定了价格波动的幅度。

当我们想要利用价格进行获利时，可以用到以下几个方法。

> **锚定效应**

锚定效应是基于绝对值盲区和环境线索两个原理来实现的。产品价格高于参照物，用户会觉得贵，而价格低于参照物，用户会觉得很划算，进而产生购买行为，而参照物的价格，就是锚。根据锚来判断商品价格是否合理的心理，就是锚定效应，它常常被应用到促销上。例如你在买电脑时，发现一台电脑原价 6000 元，促销价 4999 元，另一台电脑原价 5900 元，促销价 4998 元，这时你一定会觉得第一台更划算，而原价就是你判断的依据。

> **诱饵效应**

诱饵效应是基于绝对值盲区和环境线索的原理来实现的。用户在购买不熟悉的商品时，往往会避开最贵的和最便宜的、最好的和最差的、最大的和最小的。这种中庸之道，会被应用在产品的摆放策略中，如电子产品常常会设有顶配、中配和低配，中配的销量往往会更高；再如同种产品里常常设有 a、b、c 三种类型，a 类型产品和 c 类型产品会分别比 b 类型产品的价格低很多或高很多，其目的就是吸引用户购买 b 类型产品。

所以，利用诱饵效应增加主推产品的销量，就是通过定价获利的第二个方法。

> **精确效应**

有一些产品的价格很有意思，即很少会出现 5000 元这样的整数，而是会把价格设置得很精确，如 4880 元。这是因为 5000 元的价格会被人们认为是随意定价，而 4880 元的价格则会被认为是经过谨慎评估的。被认为定价随意的产品会让用户觉得商家给自己留了很多盈利空间，而价格越精确，则越会被用户认为是"良心"的体现。

同时，有研究表明，无论精确的报价比类似于 5000 元这样的整数价格高还是低，都不会影响这个效应得发生。

> **降档效应**

为什么很多产品的价格数字是以 9 结尾的？这背后的原因其实有两点，一个是我们前面提到的精确效应，另一个则是降档效应。那什么是降档效应？即假如一个产品的标价是 19.99 元，就很容易被归到"不到 20 元"那一档，而如果超过这个价格，就会进入 20 元的档位，这时把商品价格定为 19.99 元的行为就是降档。降档效应还有另一个名字叫左位效应，其原因是数字 19.99 的最左边数字是 1，数字 20 的最左边数字是 2，这个数字的变化会给用户带来很大的视觉冲击。

要想利用降档效应进行获利，比较有效的方法之一就是将其与诱饵效应相结合。例如有两个产品 a 和 b，如果 a 是主推的产品，就可以为它定一个带数字 9 的价格，而给 b 定一个整数价格，这样就能达到力推产品 a 的目的。另一个方法是逆向应用，例如用整数价格售卖某一种高端产品，这时不再选用数字 9 作为其价格中的数字，因为数字 9 会显得产品便宜，而高端产品一定要突出其贵的特点才能有效提升销量。

会员复购

有一个常被人们提起的公式：流量×转化率×客单价×复购率=销售额。在这个公式里，复购率是影响产品销售额的重要因素之一。但这个公式其实并不完整，完整的公式应该是：流量×转化率×客单价×（1+复购率）=销售额。

真正的收入应该是用户第一次转化的收入加上被转化后继续付费的收入，即"转化+复购"，比如有 100 人购买客单价 100 元的产品，过段时间后这 100 人中有 36 人第二次购买该产品，那该产品的销售额就是 100（元）×100（人）+100（元）×36（人）=13600 元，复购率为 36%。如果在此基础上增加一个数据，比如该产品成本为 150 元，那该产品是否实现了盈利？答案显然是否定的，但我们可以通过提升复购率来改变这个结果，比如将其从 36%提升到 60%，那该产品在整个生命周期中就能实现盈利。

可以看出，复购率很容易影响变现，而提升复购率的本质和目的，是延长单个用户的生命周期，从而为产品变现提供基础。只要能提升复购率，增加复购频次，产品变现及实现盈利就不是问题。而提升产品复购率最有效的办法之一，就是创造一种包含时间属性的服务性或权益性产品，也就是会员制。

会员制对复购的促进主要体现在两个方面，一是服务周期或权益周期，即用户到期不续费就失去会员服务和会员权益，以此促进用户复购，提升用户黏性；二是在会员的权益设计中，常常会加入更多的产品优惠，借此增加用户消费频率。

在设计会员制时，需要重点考虑两个问题：会员服务和权益的设计及会员激励体系的搭建。

➢ 会员服务和权益的设计

会员服务和权益的设计需要遵循两个基本原则：性价比够高；权益覆盖绝大多数产品。这两者决定了用户购买会员产品的动力强度。

首先，会员产品性价比越高，用户的购买欲望越强。例如樊登读书的会员，一年 388 元，约等于一天一元钱，而这一元钱带来的权益包括：每年 50 本新书的高品质解读，往期 200 多本书籍的自动解锁，以及 9.6 折的商城购物优惠和每月 30 元的代金券。如图 2-3 所示。

虽然这其中有很多权益要按月甚至按年才能享受，但其中的"解锁 200 多本书"这一权益，对于喜欢听书的人来说，已经足够划算甚至超值。

1.精华解读
每年50本优质新书图文、音频、视频解读
（非电子书原著）

2.畅享无阻
App往期200多本VIP专享书籍自动解锁

3.乐享积分
多方式获取积分，丰富礼品开心兑换

4.优享商城特权
积分商城购物享VIP价96折，每月另得30元
代金券

图 2-3　樊登读书 VIP 权益

其次，会员权益要覆盖绝大多数产品，尤其是精品和爆品。且权益不宜过多，绝大多数付费会员的权益都要按照同一个原则去设计，目的就是将服务产品化。至于会员的具体权益，根据笔者观察大致包括以下几个方面。

- 多数产品的最大力度购买折扣。

- 核心产品的长期免费使用权。

- 高价值产品或服务的免费享有或特殊折扣。

- 专属的产品来源和用户服务。

- 新产品专属购买渠道及优惠名额。

- 周期性的积分奖励、消费返现、优惠券发放、福利品赠送。

以上只是大致分类，不同的会员产品都有特定的权益结构，有兴

趣的读者可以自行研究。总之，设计丰富且超值的会员权益，有助于提升品牌口碑，增加用户忠诚度，提升复购率。

> ## ➤ 搭建会员激励体系

目前在会员制中常见的激励体系主要有积分体系和成长体系。

积分体系中的积分主要用于奖励用户完成特定任务，还可用于兑换商品，以及充值、提现和抵券，常与商城活动绑定使用，以达到激活和留存用户的目的，典型案例如大众点评。

而成长体系是会员制中最常使用的激励体系，具体表现为用户使用频次越高、程度越深、时间越久，用户的成长值和等级就越高，典型案例如 QQ 会员。

在搭建会员激励体系时，如何结合会员用户的特定行为来建立积分体系和成长体系，是我们需要重点考虑的问题。即用户需要完成哪些特定行为？什么样的奖励可以有效刺激用户？

接下来我们就以读书产品为例来分析这两个问题。

从用户行为来看，会员用户需要完成的特定行为主要是搜书、看书、听书、买书、分享等行为，可以把这些行为具化为固定任务，完成度可以对应到积分体系，完成的次数可以对应到成长体系。在奖励方式上，可以允许用户用积分兑换会员权益的使用时长和优惠力度，或者直接兑换固定书目。而在成长体系中则可以设置特殊等级，只要通过连续完成任务达到一定等级，便可解锁会员新权限，其中也可以包括会员权益使用时长及优惠力度等。

其实，微信读书、樊登读书等读书类产品，都有类似的设计，唯一的差别在于激励体系是否与会员权益紧密挂钩，是否达成了一个更完整的会员体系。如果没有，则意味着会员产品还有很大的迭代空间，并将成为提升复购率的重要手段。

裂变：如何让老用户带新用户

裂变，其不单是留量池运营的环节之一，也是一种独立的流量拉新手段，其之所以会被我们与拉新、促活、留存、变现并举，是因为裂变在近几年已经成为一个风口，似乎人人都能针对裂变讲出一大堆方法论。

风有停止的时候，火有熄灭的时候。

微信在 2019 年发布公告，将重点处理各平台利诱用户分享链接到朋友圈的行为，点名批评了很多付费阅读类打卡产品，其中包括曾经风靡一时的薄荷阅读，一时间多个产品纷纷发布公告取消朋友圈打卡活动。

为什么裂变会让大家趋之若鹜？这还要从裂变的本质说起。

实际上，在 AARRR 模型里，裂变是非常关键的一环，它决定了留量池能否形成一个增长循环。而老用户能否带来新用户，是评估老用户价值的核心标准之一。

换句话说，裂变应基于老用户展开，这是因为决定裂变效果的因素主要有三个，分别是种子用户、裂变奖励和分享趣味，其中，种子用户是决定裂变效果的最关键因素。

所谓种子用户，就是发起裂变行为的初始用户，他们的质量决定了裂变的效果。一般来讲，种子用户质量越高，裂变拉新效果越好。而种子用户的质量主要体现为用户黏性，即用户对产品的信任度。显然，老用户对产品的信任度是最高的，所以传统裂变都会基于老用户展开，俗称"老带新"。

在关于拉新、促活、留存和变现的阐述中，我们一直都在讲怎么把新用户变为老用户，而裂变则是要引导老用户为我们获取新用户。想要做好这一点，应该从两个方面入手。

设计流量闭环

所谓流量闭环，是指从获取第一批用户开始，借助系统的运营逐渐形成流量循环增长的机制。裂变实际上就是天然的流量循环增长机制，即通过老用户邀请新用户参与活动或购买产品，实现流量增长的闭环。而在设计裂变闭环的时候，我们需要注意两个关键点：裂变路径和裂变玩法。

> **裂变路径**

常规的裂变路径，可以拆解为如下三步。

第一步是裂变吸引，常以突出利益点，如突出低价（"0 元免费拿"）、凸显效果（"3 天掌握 PPT 设计技巧"）、指出痛点（"如何改掉拖延症"）等的文案类型，吸引用户关注。

第二步是裂变参与，这一步的目的是引导用户参与裂变，至于参与方式则由裂变活动的呈现形式决定，有的会设计成一个页面，有的会与微信公众号结合，有的则会承载在 App 中。而无论什么形式，都需要先获得用户授权，这一步的设计至关重要，稍有不慎就会过滤掉一大部分流量，影响裂变流畅度。

第三步是裂变传播，当用户参与裂变活动后，就要提醒其将活动分享给更多人，目的就是借助分享者的社交圈扩大活动影响力，可以直接引导用户进行分享或生成便于分享的素材（如海报）供用户转发。

以上三步都由老用户完成，后续的新用户则延续这一循环。**为了保证这一循环的持续性，我们需要对新老用户进行行为激励，而根据用户的需求，我们可以将裂变分为三种类型：强制型、冲动型和利益型。**

强制型裂变的逻辑是"需求+被动操作"，此类型裂变的引发有两个前提，一是找准用户需求，二是设计可操作性强的转发命令。找准用户需求是该类型裂变被引发的根本动力，如果用户需求没有找准，或没有找到痛点，其裂变效果会大打折扣。因为只有需求足够强烈，用户才会按照要求进行操作，把产品传播出去。转发的操作步骤一定要简单，尽量不要超过三步，因为过于烦琐的操作流程容易削弱用户的传播意愿，所以只要能让用户分享完成返回时没有障碍即可。

冲动型裂变的逻辑是"好奇+情绪传染"，这也是公众号文章和创意型 H5 疯传的主要逻辑。其能引发裂变的原因主要有两个，一是利用用户的好奇心吸引用户注意力，二是通过情绪感染引发冲动传播。

首先，吸引用户注意力的最好方式之一就是激发用户好奇心。拿公众号文章来说，如果标题不够吸引人，点击率就会低，传播效果就会很差。激发用户好奇心的方式有很多，如关联名人热点、颠覆惯常认知、找准切实需求、引发情感共鸣等。

其次，在用户被吸引后，为用户描述让他们感同身受的场景。所谓制造场景，其实就是讲故事，这时要尽量使用第二人称，并多用易于激发情绪的语句，以此让用户产生幽默、愤怒、感动、怀旧、兴奋、敬畏、惊讶、恐惧等情绪，进而让用户主动分享。

将此类型裂变用得炉火纯青的公司当属网易，如果你想打造爆款文章或刷屏 H5，可以深入研究一下网易的经典案例。

利益型裂变的逻辑是"价值+物质激励"，此逻辑可用于较为流行的裂变方式，如分销、拼团、砍价等，甚至包括被动转发。此逻辑能引发裂变的原因同样有两个，一是产品价值能有效促进裂变的启动，二是实际的物质奖励能激发更广泛的传播。

价值和需求虽然有所不同，但都能激发用户的分享欲望，前提是产品价值足够高，能让用户有足够的期待和收获。

而如果说价值保证了裂变传播的初始动力，那么物质激励则给传播提供了非常大的加速度。就物质激励的种类而言，大额度的产品购买优惠是主流，如拼团、砍价等裂变手段，就属于用大额度优惠对用户进行物质激励。而目前最有效的物质激励方式之一，就是适当比例的邀请返现，即利用高比例的返现进行有效的传播激励，这一激励方式在 2018 年造就了网易、新世相、三联生活周刊等多个知识付费产品的刷屏案例。

需要注意的是，这种基于物质刺激的传播方式，不一定能得到正面口碑，使用不当反而会对产品造成负面影响，且倾向于集中爆发，所以在使用时要格外谨慎。

> **裂变玩法**

关于裂变的玩法，我们将其分为两类，分别是推荐式裂变和邀请式裂变，在选择时主要取决于对用户分享行为的节点的判定。简单来说，推荐式裂变就是用户在分享完传播载体后，可以获得物质上或精神上的奖励，我们不对其分享后是否真的带来新用户做考核；而邀请式裂变则是用户在分享完传播载体后，必须完成对新用户的吸引，否则得不到奖励。

所以想要判定某一玩法是推荐式裂变还是邀请式裂变，就要看它的奖励节点设在什么环节，是在分享后就有奖励，还是在分享并带来用户后才有奖励。

接下来我们就来分别拆解这两种裂变玩法。

✧ 推荐式裂变

推荐式裂变的玩法主要有两种，一种是被动转发，另一种是主动传播。

被动转发类的裂变玩法是以权益或福利作为奖励，引导用户完成分享行为，分享成功后就可以获得奖励。较为成熟的具体玩法有社群裂变、打卡分享、单享裂变和复活闯关四种。

- **社群裂变**：用户进群后被要求完成转发等分享行为，并且要在完成后截图发群进行审核，典型案例是凭借此玩法获取千万用户的有书共读。

- **打卡分享**：用户每天都要将内容分享到朋友圈，坚持到一定天数返还学费或给予奖励，常见于各类阅读号和英文学习号，现均已被微信整改。

- **单享裂变**：用户分享成功后即可免费获取某一具体产品，如微信读书的免费听书。

- **复活闯关**：常见于闯关类的游戏小程序，如"弹珠王者"，只要分享其小程序到微信群就可以获得免费复活机会。

主动传播是一种由用户情绪驱动的裂变玩法，也就是我们常说的社交裂变。例如，用户会通过主动分享某一个 H5 测试结果满足自己的炫耀心理，以此获得精神奖励。

主动传播类的常见裂变玩法，主要有以下五类。

- **挑战类**：用户需要完成某一具体挑战，比如画一幅画。完成得越好，排名越高，虚拟奖励就越多，同时还会生成展示成绩的海报供用户转发，典型案例是猜画小歌小程序。

- **测试类**：和挑战类类似，但只需要完成一些难度不大的题目，结果呈现的往往是对用户的行为、性格等的解读，以此帮助用户进行自我标榜，是目前H5应用较多的玩法。

- **公益类**：以人们的爱心、同情心等作为驱动，典型案例是曾经一度刷屏的保护中华田园犬小程序。

- **个性类**：用户可以自主调整如个人肖像、着装、睡姿等图像的裂变玩法，借此满足展示自我的需求，典型案例是网易出品的睡姿大比拼H5。

- **盘点类**：将基于行为大数据生成的某一产品的个人使用总结分发给用户，属于荣誉驱动玩法，典型案例是支付宝的"年度账单"。

✧ 邀请式裂变

邀请式裂变在分类上没有统一标准，笔者在这里引用了《流量池》作者杨飞提出的三种类别：复利式、众筹式和共享式。

所谓复利式，指的是参与裂变的双方能够互惠互利，例如你邀请朋友一起买东西，双方均可得到福利。而根据这一逻辑，可以盘点出以下几个玩法。

- **赠一得一**：邀请好友购买或直接赠送好友产品就能得到和好友相同的福利，典型案例有趣头条的"收徒拉新"、VIPKID 的"推荐有礼"等。

- **互惠裂变**：与邀请的好友成为绑定关系，只要好友消费，双方均有收益，典型案例是神州专车的"U+司机"招募活动，其凭借此玩法招聘到六万多名司机。

- **个体福利**：用户完成分享后可免费获取产品，其好友通过分享渠道如邀请码等也能免费获取产品，典型案例有喜马拉雅的"分享免费听""百万英雄"直播答题的复活卡玩法等。

- **群体福利**：个体福利玩法的升级版，是 App 裂变的主要玩法之一，与微信红包类似，典型案例有外卖平台的裂变红包、微信支付的社交立减金等。

所谓众筹式，指用户需要通过好友的帮助才能获取奖励，即在好友帮助的过程中完成邀请裂变，其中包含大部分付费裂变玩法，如拼团、分销、解锁、砍价等。

- **拼团**：需要一定数量好友付费或参与才能获取产品或奖励机会，是目前最适合熟人式社交关系的裂变模式，典型案例就是拼多多，目前也逐渐应用于其他行业，如在线教育平台 ahaschool。

- **分销**：是知识付费、社交电商等最基础、最常用的玩法，用户只需要邀请好友购买产品即可获得收益，典型案例是新世相的营销课。

- **解锁**：基本逻辑是用户邀请一定数量好友完成某一行为如关注公众号、添加个人号、付费等后，即可获取奖励，是公众号获取用户的重要手段之一，也叫任务宝，相似玩法还有助力、集赞、投票等。

- **砍价**：一种营销性质很强的裂变玩法，需要邀请好友以砍价的形式帮自己获取低价，是拼多多等裂变大户的常用手段之一。

- **集卡**：是砍价玩法的变种，只不过从"砍一刀"变成"翻一翻"，同样需要邀请好友，春节期间各个 App 的"集卡领红包"及连咖啡的"邀人拆红包"等都使用了这一玩法。

众筹式裂变包含了大多数主流的裂变玩法，每一细分玩法都可以相互组合，有很大的创意空间，是裂变玩家们的首选。如果说众筹式裂变是"人人帮我"，那共享式裂变就是"我帮人人"，这一类裂变玩法利用的是用户的利他心理，很少强调分享收益，但会给用户带来其他的驱动力。

常见的共享式裂变玩法有如下几种。

- **主动推荐**：用户购买产品后获得一些可用于分享给好友的权益和福利，好友如果领取，用户自身还可以得到其他奖励。典型案例是混沌大学的好友赠课，具体玩法是，不同数量的好友领课，用户会得到不同数量的"研值"奖励。

- **权益共享**：指用户可以将权益直接分享给亲友使用，如神州专车的亲情账户。

- **买给好友**：让用户主动购买产品赠予好友，是最基础的共享式玩法之一，典型案例有星巴克的"用星说"、樊登读书的送"礼品卡"等。

制造传播要素

除了设计流量闭环，我们还需要考虑如何让以裂变为主要功能的产品或活动大规模地传播出去，换句话讲，我们需要制造传播要素，以确保老用户能够持续地带来新用户。在日常运营活动中，值得深度挖掘的传播要素有如下几个。

> ➤ 社交货币

一个易于传播的产品，需要具备很多特征，如让用户有话可说，有无可挑剔的性能，能给用户带来荣誉感等。而要想让你的产品因为这些特征而真正流行起来，就必须在设计产品时加入一个元素，那就是社交货币。

如果说社交是交易，那么社交货币就是支持社交活动这种交易形式的"一般等价物"。谈资、共同话题、大众喜好等，都属于社交货币。所以，为大众提供社交时的谈资和共同话题，满足人们分享思想和观点的欲望，是产品流行起来的前提。

关于如何"铸造"社交货币，有三个方法可以使用。

第一个是制造卓越的产品。卓越的产品会让用户感觉自己更有格调、更优秀，这种产品作为社交货币，能吸引更多人的关注，比如

iPhone。除了卓越的产品，非常规之事也可以通过制造神秘感吸引人们的频繁关注，从而充当社交货币，比如新世相的"逃离北上广计划"。

第二个是设计游戏。人们为什么喜欢玩游戏？因为游戏可以调动人们的竞争欲望和对比心理。这一点做得最好的就是腾讯，"王者荣耀""跳一跳"等游戏之所以风靡，就是得益于让游戏充当了社交货币。

第三个是打造归属感。通过放大产品和服务的稀缺性和专有性，给予用户归属感，是制造社交货币的又一良方。近年来被频繁提及的一个词——超级用户，其培养的本质就是为用户打造专属感，因为这是一种站在用户角度设计产品的思维，所以也叫作超级用户思维。稀缺性和专有性能让用户有归属感，故而激发了人们口口相传的欲望。那要如何为用户打造归属感？很简单，即让产品、服务和体验与众不同，换句话说，就是针对不同人群，提供差异化的产品、体验和服务。例如打造"VIP 会员—付费会员—普通用户"的三级体系，即不同等级的用户享受到的服务体验不同，而最高级的用户最容易产生口碑传播。

所以，独特的产品会给用户带来独特的感觉，同时能调动大众的好奇心，引发广泛的讨论和传播。

➤ **诱因**

有了社交货币，还需要有合适的理由，即诱因，才能让产品被提起或者提高产品被提起的概率。何谓诱因？即一件事之所以会出现在脑海里，是因为看到了与其相关的事物，引发这种关联思维的因素，就是诱因。

很多商家会把产品和生活中常见的诱因关联起来，例如，把脑白金和送礼的场景联系起来，能让用户看到送礼行为就想起脑白金和那句"洗脑"的广告语。

要想找到诱因，就要清楚诱因的特征是什么。

高频出现是诱因最主要的特征之一，它可以是人在某个时间段的高频想法或高频行为。送礼就是一种高频行为，而脑白金正因为与其相关联，才创造了"收礼只收脑白金"的销量神话。网络热点也符合高频出现的特征，杜蕾斯就是追热点的行家，其借此既让人们喜欢它的文案，也让品牌得到了有效传播。

除了高频出现，专一也是诱因最主要的特征之一。江小白这个品牌就符合专一的特征，它将产品和年轻人的社交场景相结合，使得当年轻人在一起吃饭喝酒时，就会想起并饮用江小白的白酒。

➤ 情绪

心理学研究表明，能触动人们情绪的事情，是最常被人们讨论的。所以，触动用户的情绪可以大大激发他们的分享欲望。

什么样的情绪可以激发传播行为呢？心理学家根据情绪研究发现，具有高唤醒特征的情绪容易激发人们的传播行为，其中包括敬畏、惊讶、消遣、兴奋、幽默等积极情绪，愤怒、担忧、焦虑、恐惧等消极情绪，感动、怀旧等复杂情绪。

利用情绪制造传播事件的高手，当数网易云音乐，其利用怀旧风格的音乐评论，在众多音乐软件中脱颖而出。所以，研究好情绪策略，把产品或文案变成用户表达情绪的载体，是让用户成为产品的传播者和代言人的关键。

➤ **可视性**

促使人们传播的另一个关键因素，是可视性，即产品能否在公共场合中被识别。

提升产品的可视性，是小众产品及新产品快速打开市场的关键。提升产品可视性的一种办法是制造视觉差异，即从产品角度出发，打造差异，提升辨识度，实体产品可从外形、包装、颜色等方面入手，教育服务产品则可从名校师资、教研体系等方面入手。另一种方法是从广告宣传角度出发，增加曝光率，让品牌频繁出现在人们的视野中。

一般来说，人们偏爱传播积极信息，回避共享消极信息，因此我们要在宣传中对产品进行特色塑造，结合用户场景，以及时间、地点、频率等因素提高产品的可视性，这样不仅有助于提高购买率，还能让用户在使用产品的同时为产品进行免费宣传。所以，可视性也可以看作社交货币的一部分。

➤ **实用性**

利用产品的实用性促进用户分享的方法，主要有两种。

第一种是分享获利。所谓分享获利，即用户仅通过分享产品信息就可以获得收益，如分享得优惠、分享得红包等，又如外卖平台在用户下单后分发的裂变红包。

第二种是主动分享。即产品本身的实用价值使得用户自愿分享产品信息，可能是其中包含了用户想表达但不能或不敢表达的想法，又可能是提供了某种实用的工具、知识或资源。

在某些情况下，用户会想办法不让别人看到他分享的内容，或在短暂分享后就将分享的内容删除。之所以这样，是因为人们更倾向于分享自己认为有意义的事物，换句话讲，即使有利益引导，用户也不会随意分享主观上认为无意义的内容。所以，要想利用产品的实用性促使人们分享，就必须致力于提升产品的使用价值，使得用户自愿分享传播。

这一点更多体现在公众号文章上，如果文章标题彰显了实用性，文章内容本身也具备实用性，用户自然会主动转发文章。此外，拼多多也很擅长利用产品实用性促进用户分享，其招牌的拼团和砍价活动，就是以省钱为分享点，让用户认为这样下单很划算，和好朋友一起省钱还能增进友谊，从而提升分享概率。

> **故事**

有时候，最容易让用户记住的不是直白的信息，而是跌宕起伏的故事，会讲故事，是营销产品的必备能力之一。在营销过程中，把营销内容进行故事化包装，借此传播产品理念和价值，是一种很讨巧的营销方式。

好的故事，有三种写法。

- **创业故事**：讲述企业创始人的创业故事，主打励志情怀，适合初创企业或品牌。

- **品牌历史**：讲述品牌历史故事，非常适用于老字号品牌。

- **理念人设**：讲述品牌理念的故事，是近来越来越流行的营销方式，还有很多品牌使用人格化的品牌形象进行故事演绎，如江小白。设计一个卡通人物形象，并以其为主角讲述品牌故事，能很好地拉近与用户的距离。

在设计故事时，要谨记以传播产品信息为出发点，否则会影响传播效果。

➤ 分享欲望

用户主动传播产品的首要前提是产品具有"分享基因"，即能激发用户分享的欲望，因为在很多情况下，即便产品非常好，人们也是拒绝分享的。

有两个数据可以证明这一点：推特的平均转发率只有 3%，脸书的平均分享率只有 0.5%，可见，大部分用户都很"吝啬"。而要想激发用户的分享欲望，产品至少要具备五个特性。

- **实用性**：人最愿意把有价值、有思想的内容传播给其他人。

- **有助于用户自我标榜**：70%的人想通过分享的内容让别人更好地了解自己。

- **有助于用户强化和培养关系**：80%的人分享内容是为了与一些人保持联系。

- **有助于用户实现用户的自我成就**：大部分人都希望得到别人的点赞和评论，即获得认同。

- **与公共话题有关**：人们常常通过证明自己关注社会时事，获取存在感。

这五个特性其实反映了用户的两种需求，社交和自我标榜，只要把握好这两个需求，主动传播将不是问题。

至于实现方法，可以总结为三点。

- 提升文案或产品信息的话题性或趣味性，增加传播度。

- 打造竞争机制，设立可分享的排行榜，设置相应的奖励措施，带动用户传播。

- 规定具体的分享次数，达到要求的用户可以获得某种权益，如全额优惠、奖励金等。

➤ **铁杆社群**

我们在让用户愿意分享的同时，还要找到一群愿意分享的用户。换言之，就是培养核心用户，而由核心用户组建的群就是铁杆社群。

在铁杆社群里，每个核心用户都会积极主动地传播你的产品，因为他们是产品的核心使用者，对你的产品信任且喜爱。

核心用户到底有多大的能量呢？有报告显示，品牌通过社交媒体进行传播后，会增加超过三成的用户，且这些用户会扮演支持者的角色。而在活动中，支持者多的品牌会比支持者少的品牌多出 264%的媒体效应。可见，铁杆社群是产品增长的重要助力。

那我们该如何寻找这些核心用户，打造铁杆社群？

- 和用户建立足够的信任，是最根本的底层逻辑。

- 制订一个用户升级策略，其做法就是给用户分级，可依次分为流量用户、普通用户、中度用户、核心用户。

- 通过运营策略让用户进行升级：增加宣传力度让流量用户了解产品；利用高质量服务让普通用户增加消费频率或传播频率；与中度用户构建心理认同即共同价值观，提升他们对产品和品牌的认同感。

> ➤ **意见领袖**

产品要借助名人的影响力，才能实现快速增长。这里有一个能够四两拨千斤的方法——信用借贷。

信用借贷就是找一些比你更能给用户带来信任感的人，用他们的影响力来增加用户对产品的信任，也就是找名人或大咖为产品站台，具体有四个步骤可以参考。

- 列出一份意见领袖名单，这些意见领袖所在的领域要和你的产品相契合。

- 与意见领袖建立良好关系，并在宣传时引用或转发他们的话。

- 设法与意见领袖建立互利互惠的合作方式。

- 向意见领袖发出真诚邀请，建立深度合作。

做到以上四步后，意见领袖基本就会同意帮你站台或推广产品。

> **超级 IP**

除了寻找意见领袖，也可以为自己打造 IP（Intellectual Property，直译为"知识产权"，在互联网界已经有所引申），但必须具备三个核心特征，即真实、联系和标签。真实意味着要打造长期"人设"，展示给用户一个真实且可接近的人；联系则指和用户保持互动，给他们输出实际价值；标签则是让用户对你有清晰的认知，并不断被强化，但标签数量不能超过三个，也不宜复杂。

了解这三个特征后，就要来执行打造你的 IP。

- 找到自己擅长且独特的领域。

- 保持长期一致的"人设"。

- 努力到达该领域的头部。

- 努力与该领域的其他知名人物建立联系。

- 对用户真心付出，不断给予用户超出预期的价值，注意观察流量用户。

- 努力输出有价值的内容。

- 创造情感黏性。

> ➢ 社会认同

要想让你的产品具有更大的影响力，必须学会利用社会认同，即提升产品信誉度，具体可以从以下几个方面入手。

- 让你的产品被权威媒体报道，或者被知名自媒体介绍。

- 让名人或意见领袖对产品进行背书，并凸显名人或意见领袖的推荐语，让其出现在所有可能被人看见的地方。

- 公布品牌获得的荣誉，展示相关人员的优秀履历。

- 全力发动资深用户转发和评论你的产品，这一步在起步期尤为重要。

- 创建好的用户评论，尤其是第一条评论，它将决定整个评论区的内容走向。

- 结合欢迎语公布用户人数，如"欢迎你，第 345679 位用户"。

- 收集评论区的好评或微信群内的评论截图，在页面上进行展示。

- 公布服务过的高端客户和合作过的知名企业，在醒目位置展示。

很多知识付费产品会通过实时展示销售数量、滚动展示下单用户的昵称、集中展示好评等展示社会认同的手段让用户自愿产生裂变行为。

⟳ 留量池小黑板

✓ 留量池思维是一种用户型思维，可用于指导拉新、促活、留存、转化和裂变各环节的精细化运营。结合传统的 AARRR 模型使用，有助于更好地实现产品增长。

✓ 拉新其实是找到新用户并引入留量池，但并不等于增长本身。而在留量池搭建的过程中，还需对流量进行筛选，可通过渠道选择、内容吸引、分发引流三个步骤来实现。

✓ 促活的本质是提升新用户留存率，可以通过提升用户的长期留存率，来降低新用户的获取成本。而在制订具体促活策略时，需要从找到关键行为和获得价值回报两个方面进行设计。

✓ 在新用户留存的基础上，实现其从新用户到老用户的转变，是留量池运营的目标之一。其关键是设法增加用户黏性，可通过个性化推荐、精细化召回、设计任务体系来实现。

✓ 变现的过程是老用户贡献价值的过程，运营的关键在于如何引导老用户下单，具体方法有人性营销、价格杠杆和会员复购。

✓ 裂变本质上是一种拉新手段，包含流量闭环设计和传播要素制造两个方面，以此实现"老带新"，帮助我们达成留量池运营的最后一步和留量池增长体系的关键一环。

第三章

公众号，被小看的留量运营工具

作为目前微信中最主要的流量洼地之一，微信公众号于 2012 年被正式推出，而笔者首次运营公众号是在 2016 年，那时距离公众号被推出已过 5 年，笔者错过了最辉煌的红利期。

即便如此，微信作为移动互联网最大的流量池之一，仍然有足够多的机会等待后来者挖掘，而笔者也经过努力学习，逐渐了解了公众号的玩法和自媒体这个行业。如今，微信生态中已有超过 2000 万个公众号，正在阅读本书的你也许和所有的公众号小编一样，都在这个 10 亿多人的流量池里"裸泳"，而每个关注你的粉丝，都有可能成为你的流量，进而成为你的客户。

自抖音、快手等短视频平台崛起后，公众号一度被"唱衰"。虽然公众号文章的打开率开始走低，阅读量逐渐下滑，微信对公众号内容的把控也越来越严格，但公众号的引流作用依然巨大，依然是大多数企业的宣传渠道和用户来源。

所以，避开公众号谈留量池的运营还为时尚早，相反，我们应该更加重视公众号在留量池运营体系里的作用。

为什么公众号适合做留量池

在笔者看来，公众号是我们与用户进行高频互动、高效接触的重要工具，而留量池运营的一大前提，就是与用户建立紧密的联系。

公众号适合做留量池的原因有三个。

轻松服务大规模的用户

在互联网时代，用户规模越大，用户影响力越大，创造的价值就越大，而要运营大规模的用户，承载用户的平台形式就显得尤为重要。

公众号与微信群、个人号相比有一个非常大的优势，就是可以服务和运营更大规模的用户。首先，公众号没有用户量的限制，不会像微信群一样最多容纳 500 人，也不会像个人号一样，最多只能添加5000 人。其次，公众号接触用户所需的成本相对较低，一篇图文消息可以推送给所有粉丝，用户只需完成点击即可。而要想通过微信群和个人号触达更多用户，就需要准备更多的微信群和个人号，并分配更多的时间和人力去管理这些微信群和个人号，这显然是一笔巨大的成本。

但与微信群和个人号相比，公众号与用户的关系强度显然是最弱的，用户甚至可以悄无声息地取消对账号的关注。同时，公众号与用户可接触的频次较少（订阅号一天一次，服务号一周一次），即便可以通过模板消息功能增加沟通频次，效果也不尽如人意，唯一较好的选择就是回复后台留言，然而也有 5 天的时间限制。

所以，用公众号运营用户的最大好处在于可以在某种程度上减轻服务压力，把精力放在内容的搭建上。

提供专门的内容和服务入口

通过公众号运营用户，除了输出内容这个核心方式，还有菜单栏和关键词这两种功能可以使用，这是公众号与微信群、个人号的显著区别，尤其是菜单栏功能，可以说是公众号独有。

先说关键词功能。我们可以提前设置好关键词，把内容和产品与关键词进行匹配，待粉丝关注公众号后触发即可。这个功能可以解决很多问题，并能大幅提升运营效率，为用户带来良好体验。

设置关键词最大的好处就是能有效提升粉丝的留存率。比如可以在公众号文章的开头或末尾，提醒读者通过回复关键词获取某种内容，可以是干货文章，可以是经典资料，也可以是福利活动，这都是针对经常阅读的粉丝而设置的。再如在被动回复里设置关键词，把能满足粉丝需求的内容、产品、服务等与之进行匹配，这样新粉丝就可以在关注公众号后，在最短的时间内了解你。

目前关键词功能已经不再是公众号独有的功能，微信群、个人号同样可以设置，只要有辅助工具即可。

而菜单栏功能作为公众号独有的功能，甚至比关键词更为有用。

菜单栏位于公众号对话页的底部，可以呈现链接、文字、图片、图文、小程序等不同的信息形态，相当于公众号的二级流量入口，可以为微信群、个人号、小程序、H5 等其他流量洼地导流。

大多数情况下，运营者都会精心设计菜单栏，把一些最有吸引力的内容和最畅销的产品放在里面，目的就是让粉丝一眼看到公众号的价值，从而达到留存、变现和引流的目的。

例如很多以内容见长的公众号，会把历史文章放在菜单栏，有的还会把过往文章进行分类整理，以便于粉丝阅读。像笔者每关注一个公众号都会主动翻阅历史消息，如果菜单栏有过往内容的入口，我就可以更快地阅读到这个公众号的优质内容。

全面的数据统计和强大的技术功能

公众号的数据统计功能和技术功能是非常强大的，首先来看数据统计功能。

以公众号与粉丝接触的核心方式——图文消息为例，每一条图文消息的相关数据都可以从后台直接获得，如打开率、分享率、阅读来源、用户增加量等，这些数据直接以面板的形式呈现。你只需要做一件事，就是通过这些数据去分析每一条图文消息对公众号产生的影响。

再来看公众号的技术功能。

我们知道公众号有两种类型，一种公众号是订阅号，可以每日进行一次推送，早期的订阅号更是可以一日进行多次推送。当订阅号经过认证后就可以通过授权第三方服务商获得其他技术能力，比如自动审核图片功能，再如通过检验用户输入的关键词来判定新粉丝的来源的功能。

另一种公众号是服务号，它的技术功能比订阅号还要强，它可以通过授权第三方获得比订阅号更多的技术能力。例如可以直接判定新粉丝由谁邀请而来，还能直接提供直播等功能开发接口，只要报名直播就能收到模板消息，大大优化了公众号的使用体验。

总体来说，相比其他流量承载形式，公众号在运营效率、触达方式、数据统计、技术功能等方面有显著优势，并且具有独立的运营体系，非常适合作为留量池去运营。

接下来，我们就从引流、留存和变现这三个角度，全面解析公众号的运营玩法。

公众号的引流玩法

公众号引流的基本逻辑和绝大多数产品是一样的，首先要解决的是产品定位问题，其次是粉丝渠道问题，最后是流量驱动的问题。

公众号的定位

订阅号的定位主要取决于这几个因素。

首先是名字。订阅号的名字往往决定了其基本定位。例如上海中考，很明显是一个针对上海地区、与中考信息有关的订阅号；再如运营研究社，明显是一个垂直于运营领域的订阅号。

其次是简介。并不是所有订阅号的定位都可以通过名字确认，例如刘润，这是一个人名，也是一个订阅号的名字，要想清楚它的定位，就需要知道刘润是谁。刘润订阅号的简介是"润米咨询创始人，40万学员《5分钟商学院》主理人，前微软战略合作总监，国内知名商业顾问"，由此可以看出这是一个聚焦于商业领域的订阅号。

最后是内容及风格，这是决定一个订阅号定位的核心因素，是凝聚粉丝的关键。用户关注订阅号，不仅出于基本的阅读需要，更出于对内容风格和内容形式的欣赏。例如笔者非常喜欢的一位创作者，他有两个订阅号，一个主打时事漫谈，另一个的内容则更有深度，这两者都是我喜欢的风格，所以笔者从不错过他的每一次更新。

以上就是决定订阅号定位的三个核心因素。当我们要运营一个订阅号的时候，不妨仔细考虑这三个核心因素，能减少很多无效劳动。

而相比订阅号，服务号则要为用户提供更多的服务，所承载的功能也更多，目的也更广泛，但最主要的目的还是变现。

服务号的名字往往是品牌名加上"服务号"三个字，如三节课服务号；也有的是直接将品牌名作为服务号名称，如得到。但无论是订阅号还是服务号，在命名上都没有严格的规定，而是取决于运营者本身对公众号定位的思考。

再来看服务号输出的内容，根据笔者的观察和经验，绝大多数服务号的内容以发布活动和产品广告为主，偶尔在发布的多篇内容里插入干货文章，以避免全屏广告的尴尬局面。实际上，服务号的用户增长基本靠活动来实现，这些活动应用的往往是基于服务号开发的功能，属于典型的技术驱动增长。

基于此，作为运营者，我们该如何快速有效地确定公众号的定位？笔者给出的方法很简单，即罗列法。

以订阅号为例，需要罗列以下内容。

● 选出多个定位要素，如内容领域、受众群体、内容形式、内容风格等，排成一行。

- 在每个要素下列出多个具体的细分内容。以教育类订阅号为例，内容领域有K12、外语、职教、公考等，受众群体有小学生、初中生、高中生、大学生、研究生等，内容形式有文章、漫画、短视频等，内容风格可以是严肃科普、风趣解读、故事叙述、情感共鸣等。

- 将以上内容列出来后，就可以对每个要素下的内容进行选择，然后将选择的内容连线，就可以得到清晰的定位路线。

这其中的每个要素都不是凭空捏造的，而是通过对自身所处行业动态及其他公众号的观察总结出来的。当然，最关键的还是对于自身的洞察，这是公众号定位能否精准有效的重要前提。

公众号的涨粉方式

公众号涨粉方式有很多，笔者总结了以下六种。

➢ 活动涨粉

活动涨粉是公众号最主要的涨粉方式之一，基本玩法是设定一个奖励任务，奖品可以是免费领书、参与抽奖等，获得这个奖品的前提是完成分享或邀请任务，具体玩法叫作助力或转推，满足任务要求即可获得奖励。通常发放的奖品数量有限，目的是利用稀缺效应促进传播，吸引流量。

在设计活动涨粉任务时，有两个设计思路可以参考。

第一个是选择价值非常高的产品作为任务奖励。如支付宝锦鲤抽奖，就是通过列出超长、超值的奖品清单，激发用户的参与欲望，提升用户参与度和传播效果。支付宝锦鲤抽奖活动被成功引爆之后，很多城市公众号和院校公众号纷纷推出所在城市和院校的锦鲤抽奖活动，每逢推出都是 10 万以上的阅读量，锦鲤抽奖也就此成了公众号的经典涨粉策略之一。

第二个是创建阶梯性活动任务。每一个任务对应一个奖励，门槛越高，奖励额度越大。例如用户邀请 3 人可得一份电子资料，用户邀请 5 人可得一张大额优惠券，用户邀请 10 人可得一份实物礼包等。通过设计此类阶梯性活动，让用户感受到挑战的乐趣，即每获得一种奖励，都会推动其完成下一项更难的任务，使其参与活动的动力最大化，从整体上提升涨粉效果。

> ➢ **内容涨粉**

自微信公众号诞生以来，依靠内容实现用户增长，就成了自媒体发展的基本方式。

"10 万+"是所有公众号小编的梦想。虽然微信对公众号的内容审核越来越严格，但依旧不能磨灭小编们对爆款文章的向往。而在审核中，最常考察的问题之一就是文章传递的价值观是否积极向上。

曾经有很多爆款文章都是利用渲染负面的情绪来获取高点击量，从而获取大量的用户，这种做法虽然能在短期内带来快速增长的效果，但绝不是长久之计。好在如今创作者们的工作重心都回归到了内容本身，即创作对用户有用的内容，其中最有用的内容类型当属干货类，由这类内容吸引到的用户黏性最高，也最精准。

所以，依靠内容涨粉依旧是核心且有效的粉丝增长策略。

> **全网营销**

全网营销一直是一种基本的涨粉策略，但就笔者观察，讨论的人很少，这与其需要花费大量的时间成本有关。所谓全网营销，就是在一切大流量的平台输出内容，然后利用符合用户需求的产品往微信导流，产品形态可以是资料、课程、活动等一切形式。

全网营销的难点在于如何平衡各平台的引流节奏，关键点是内容的运营输出策略，主要有统一分发和垂直运营两种。统一分发的逻辑很简单，以微信公众号为核心阵地，在其他平台进行内容分发，只要保证一定的内容输出频率，就可以吸引到可观的流量。垂直运营则需要我们独立研究不同平台的流量特点、内容风格和推送规则。如今日头条、腾讯新闻、知乎等平台，都设有问答、视频、动态等功能，创作者可以通过输出符合这些形式的内容吸引流量。

> **矩阵导流**

任何企业旗下都有不止一个公众号，多个公众号同时运营已经成了企业的引量标配，也是另一个有效的粉丝增长手段。

公众号矩阵的运营一般有两种策略。第一个是分别定位，依靠垂直领域的特点通过内容、活动等手段吸引流量，和全网营销中垂直运营策略的逻辑相同。第二个是公众号之间的相互导流，导流的形式也有两种，一种是直接引流，比如网易旗下的"槽值"就通过多次发文直接推荐网易旗下的"谈心社""网易公开课"等。另一种是通过在公众号发起活动，引导流量进入新的公众号。

跟谁学是一家颇受瞩目的在线教育上市公司，其旗下有近 90 个公众号，覆盖着百万以上的教育用户，而这些用户就是通过第二种方式实现了相互增长。跟谁学首先在一些较大的公众号上频繁发布活动，然后通过推文、消息、菜单栏等多个入口进行推广，引导流量入群。群内分布着大量机器人，机器人会识别用户并引导其关注其他公众号，而新的公众号也会同时推广其他活动，重复上述过程，进而形成闭环。

> **渠道投放**

微信是目前最大的流量池，它在供养众多公众号的同时也要供养自己，主要途径就是开放流量给企业进行投放。微信中的投放主要分为两种，一种是微信官方授予的投放，即"广点通"，包括公众号文章广告、底部广告和朋友圈广告；另一种是基于公众号的软文投放，以及给大号投稿。找自媒体做报道也属于投放的一种，但和前两者相比效果相去甚远。

而无论是通过"广点通"，还是公众号软文进行投放，都要经过如下流程。

● 调查渠道的基本情况，包括流量质量、人群画像、往期投放效果等。

● 查看公众号定位与渠道是否匹配。

- 如果无法判断，可以先进行小规模投放测试，然后再决定是否继续投放。

- 选择多个备用渠道，通过前三步完成所有渠道的评估，确定最终渠道和策略。

- 准备好基于公众号的投放产品和物料，进行选定渠道的投放，在一定周期内进行数据统计，核算 ROI。

> 线下引流

线下引流是一个容易被忽略的涨粉策略。其实微信对于线下流量是极其重视的，最典型的例子就是小程序的诞生，其初衷之一就是要为线下流量的运营赋能，占据线下流量入口。

微信端线下引流的方式其实有很多，最常见的就是地面推广，基本形式是引导路人扫码关注公众号，然后现场赠送礼品或纸质资料。另一种有效的方式，是通过在固定场地举行活动来吸引人流，然后借助现场抽奖的方式引导人们关注公众号，并分享到朋友圈。很多自媒体都会在其举行的线下公开课及线下讲座中都采用此策略给公众号或个人号引流。

当然，最有效的方式还是为用户提供某种线下功能，例如用户可以通过关注公众号获得免费无线上网、照片打印、点餐等服务。不过，这样获取的粉丝虽然黏性很高，但不精准，还需要我们结合实际情况进行考量。

公众号的留存策略

我们在前文中介绍过，关键词回复和菜单栏两个功能对公众号的粉丝留存具有重大意义，但这并不影响提升留存率的核心环节还是在于产品、内容及服务的事实。

在任何平台，好的产品、内容和服务，都是高留存率的基本前提，公众号也不例外。对于订阅号而言，最好的留存策略就是提供好的内容，其核心是内容产品化，而对于服务号来说，最好的留存策略则是打造周期性的活动机制，即活动产品化。

内容产品化

所谓内容产品化，就是将内容按照产品思维进行打磨，即把任何一篇文章或一个视频都看作一个要推向市场的产品，而用户的每一次阅读或观看就是消费。产品化思维能有效避免因主观因素变化而导致的内容数据不稳定的情况，只有稳定的内容，才能收获稳定的点击率和稳定的粉丝增长率。

要想做到内容产品化，可以从以下几个方面入手。

> ➤ **选题**

无论是写文章还是拍视频，内容的选题都是第一位的。大多数人在定选题时最常用的方法是做调研，基本形式则是发问卷。这种粗放的形式也许有效，但产品化思维会告诉你，用户喜欢看的内容不是调查出来的，而是在市场中验证出来的，用户认可你的作品，说明选题还不错，用户不喜欢，说明选题需要改进，甚至需要重新选择。

所以我们可以组建专门的粉丝群，把提前准备好的一些选题让粉丝进行投票，根据票数高低筛选选题。确定选题之后，再让粉丝对标题进行投票，筛选出标题，或直接把写好的文章的预览链接发送到核心粉丝群，在收集意见后再推出。

笔者曾进入过酷玩实验室的微信群，它们的编辑经常会把文章的主题拿出来邀请粉丝投票，粉丝们在投票之余，会围绕这些主题展开讨论，在无形之中为运营者提供大量新的选题和素材。

> ➤ **风格及形式**

为什么很多内容优质的公众号会逐渐沉寂？一个很重要的原因就是它们偏离了原本的内容风格和形式。内容风格和形式决定了公众号的定位，也代表了粉丝的喜好，换言之，粉丝可能是因为喜欢你文章的风格和形式才关注你。

我身边有很多人关注公众号六神磊磊读金庸，该公众号发布的文章常常会结合金庸名著里的桥段把道理讲通、讲顺、讲精彩，因此受到很多金庸迷的喜爱。而著名公众号混子曰的内容形式也十分统一——

一漫画，其解读的内容涵盖人文、历史、科普等领域，风格十分稳定，粉丝的黏性也很高。

很多公众号之所以难以保证稳定的风格和形式，一方面是因为对自己的内容不自信，另一方面是受市场影响，盲目跟风，进而导致粉丝逐渐流失。

所以，公众号一旦形成定位就不要再随意尝试新的内容风格和形式，只有守住风格，才能实现长期的留存。

> ➢ 经典栏目

除了风格，内容本身也是留住粉丝的主要动力。而一些高频更新的公众号之所以能够取得不错的用户留存率，与内容栏目化也有一定关系。

所谓栏目，就是定期、长期更新的内容模块。例如每周出一篇大咖专栏、每周整理用户提问并解答、每周评选有趣的用户留言等，这些都可能是粉丝长期留下来的原因，因为他们对这类内容已经养成了定期查看的习惯。

笔者的同事为了提升用户留存率，每周都会向用户征集一些问题并写成专题文章，然后在固定的时间发表。解答类的文章既有问题又有方法，且往往附带一定场景，所以比鸡汤类和观点类文章的可读性更强。就是这样一个栏目化的改变，让我们所负责的公众号的粉丝黏性大幅提升，文章阅读量也逐渐攀升。

> **定期更新**

公众号的更新频率是另一个影响粉丝留存率的重要因素。一个长期不更新内容的公众号，很容易被大家遗忘，而且几乎每个人都关注了超出自己信息接收能力的成百上千个公众号，在清理它们时，一定是优先筛除那些不常更新的公众号。

所以，保持稳定的更新频率至关重要，此外还要保证稳定的更新时间。笔者业余运营的公众号的推送时间和发布频率就很不固定，往往是写完就发，导致阅读量时高时低。后来笔者特别关注了推送时间，发现上午、下午、晚上发布的文章，数据差别非常大，工作日发和周末发也有差别。

活动产品化

活动产品化与内容产品化同理，就是将活动当作产品进行推广和迭代。

活动产品化的策略主要针对服务号提出，对于服务号（也包括订阅号）来说，能长期提高粉丝留存率的最好策略是提供任务制玩法，即通过高频任务提醒粉丝与服务号进行互动，具体形式分为以下几种。

> **签到得积分**

签到任务其实很容易设计，需提前准备类似于积分宝这样的工具。运营者只需设置一个长期关键词，如"签到"，用户在后台回复关键词后，系统会自动统计并发送积分给用户，积分可以累积，达到一定额度还可以兑换奖励。

> **签到抽奖**

抽奖是很好的用户行为激励形式。运营者可以提前规划好一系列奖品，然后邀请用户每天回复关键词，获取当日奖品，以此提升互动频率。

> **每日任务**

签到只是任务形式之一，最有效的策略还是结合公众号定位，要求用户每天阅读精选的文章或参与话题互动。同样也是基于关键词功能进行任务设计，可以与积分、抽奖制相结合，最大化提升用户活跃度。

> **每日抽签**

抽签可以理解为另一种形式的抽奖，只不过其对应的奖励的是精神层面的。例如常见的测运势，用户只需回复关键词，便可自动弹出星座分析、运势分析等信息，满足粉丝的好奇心和期待感。

公众号的变现模式

留量池运营的核心目的是增长，而增长的三个核心环节分别是拉新、留存和变现，公众号作为留量池之一也是如此。前面我们介绍了公众号的拉新方法和留存策略，接下来就重点介绍基于公众号的成熟的变现模式。

售卖公众号账号

如果有人问你，公众号最大的商业价值是什么，你的答案是什么？

有人说是粉丝黏性，有人说是运营团队，这些都不无道理。但事实上，当你在了解一个公众号的情况时，最关心或最先问的一定是：粉丝有多少？这说明在多数人的心目中，粉丝量才是公众号最大的商业价值，因为在互联网时代，有一个不变的法则：流量等于金钱。

2018 年，A 股公司瀚叶股份以 38 亿元收购了微信公众号运营公司量子云的 100%股权。量子云运营着 981 个公众号，其中，大号卡娃微卡粉丝量超 1500 万，超百万粉丝量的公众号有 86 个，其他公众号粉丝总量达 9000 万。而在这 981 个公众号中，有七成是在半年内注册的，可见其流量增长之快。

如果你有获取流量的能力，能以很快的速度培育出粉丝量很大的账号，那卖账号对你来说是个不错的获利途径。当然，你也可以选择深耕某个领域，如 36 氪这样的公众号，作为真正的自媒体"第一股"，踏踏实实地输出优质内容，稳稳当当地提供行业服务，是其上市的根本前提。

广告投放

在公众号进行广告投放，是非常重要的拉新手段，而公众号接受广告投放，则是非常重要的变现模式。

前面说过，流量等于金钱是不变的互联网法则，而公众号卖广告位就是最符合这个逻辑的商业模式。公众号粉丝量越大，广告位越贵，赚的钱就越多。

当然，接广告之前，一定要考察你公众号粉丝的质量，以及粉丝的意愿。我时常看到一些公众号专门发文道歉，原因就是接广告太随便，导致粉丝不买账。自媒体是一种粉丝经济，粉丝就是衣食父母，广告本来就"伤人"，低劣的广告和假广告更"伤人"。

所以作为公众号拥有者，尤其是头部公众号的运营者，对于接广告必须慎重，必须考察产品与粉丝的需求和品味是否相契合，另外还要考察投放广告的企业是否值得信赖。"吃饭"固然重要，不得罪粉丝更重要。为此，你需要针对广告设计一个标准的对接程序。

笔者总结了以下几个步骤。

第一，调研粉丝喜欢什么样的产品，可以进行多次调研，越细致越好，最好能和核心粉丝进行深度沟通。在摸清粉丝基本需求之后，列出一个清单，作为你对广告的初步考察标准。

第二，在菜单栏等位置开辟专门入口，便于有商业合作需求的甲方与你取得联系。可以留下专门的微信号，由专人进行对接。如果你对粉丝规模和质量有把握，可以直接明码标价，或者将其透露给代理商。

第三，当甲方成功与你取得联系后，你必须说明你对产品的要求，以及可接受的广告形式和不同广告的价格标准，对于不满足条件的广告可以直接拒绝。如果甲方对投放效果有要求，比如要求阅读量和转化率要达到一定目标，你就需要考虑自己是否能满足对方。

第四，一旦和甲方谈妥，就要敲定流程和细节。如具体的投放时间、是否需要原创、内容由谁来创作、产品入口为链接还是二维码、是否同意引流到公众号等。

第五，签订合同。等待甲方提供广告或让甲方审核由你创作的广告，确认没有问题或经过修改之后，按照约定的时间进行发布。

第六，完成投放后，与甲方核对投放效果，然后由对方付款，至此交易完成。

以上几步看似简单，但其中涉及的一些细节对广告收益会有很大的影响，如果难以呈现出理想的投放效果，后续就很难再接到优质的广告，所以一定要谨记，细节才是"王道"。

以上两种基于公众号粉丝价值产生的对外交易，在任何流量平台都可以发生，不是公众号所独有，我们在今日头条、抖音、快手等平台都可以进行相同的操作。

流量主与粉丝赞赏

公众号给予运营者的变现工具主要有两个，一个是流量主，一个是粉丝赞赏。

流量主是微信针对公众号运营者提供的广告变现工具。它会要求你在公众号文章里插入广告，且不同的人看到的广告是不同的，微信会根据算法进行推送。粉丝在阅读文章时点击广告，就会产生收益，点击的粉丝越多，收益越高。

一般来说，只有粉丝到达一定数量的公众号可以开通流量主，这对于粉丝量小的公众号来说是一个小小的激励，因为它会促使公众号运营者努力运营以提高粉丝量，实现流量和收入的双增长。

笔者运营的公众号开通了流量主之后，每一篇推文中都被允许插入广告，而微信每天会给笔者同步当天的收益，虽然这对于笔者来说是一件幸福的事，但对于用户来说并不友好。所以，如果你的粉丝量特别大或粉丝黏性很高，建议不要频繁使用这个功能。

相比流量主，粉丝赞赏也许是流量逻辑下使用体验最好的公众号变现工具。粉丝赞赏也被称为打赏，开通的前提是公众号取得了原创资格，此后粉丝就可以对公众号的精彩内容进行打赏，以此鼓励运营者多输出优质的内容。

通过笔者的观察，愿意打赏的粉丝，绝大多数是公众号的"铁杆粉丝"，这与凯文·凯利的"1000 个铁杆粉丝"理论不谋而合。

虽然粉丝赞赏的单笔金额一般不会很大，但只要这些"铁杆粉丝"认可你的内容，就有很大概率会持续进行赞赏。

由此也可以看出，无论基于任何平台，多采用社群运营的手段经营核心粉丝，能为你带来超乎想象的收入。

内容电商

合理的商业模式由三个要素组成：产品、流量、变现。内容电商就是符合这三个要素的基于公众号的一种商业模式。

所谓电商，就是线上购物，用户在互联网上通过寻找、浏览、对比，筛选出中意的商品，然后进行下单和付款，等快递邮寄到家，用户签收商品，交易就此完成。而内容电商就是在满足用户的内容需求的基础上，提供与内容相关的产品，借助用户对于内容的信任或内容提供者的信任，吸引用户下单，并由此产生收益。

公众号运营从本质上来说就是自媒体运营，而自媒体最擅长的就是提供有消费属性的内容，将内容与电商结合，无疑是较好的实现途径之一，而小程序的诞生也让线上支付体验变得更加流畅，例如我们可以在内容底部插入商品小程序，用户在看完内容后可以直接点击小程序下单，整个操作一气呵成。

很多以女性为主要粉丝群体的公众号，都将内容电商作为主要变现手段之一。例如，公众号黎贝卡的异想世界就通过推出同名品牌，创造了 2 小时入账 300 万元的奇迹。

有人会问，内容电商和卖广告位有区别吗？答案是有区别，而且区别很大。

首先，在卖广告位时，你卖的是资源，也就是粉丝和流量。而内容电商售卖的产品，要么是账号自己出品的，要么是联合其他品牌推出的，这对于粉丝有着不同的意义。

其次，内容电商的转化率要比广告的转化率高很多，除了因为自有产品对于粉丝有着专属意义，更因为内容电商产生的转化基于粉丝对公众号的价值认同，是真正的粉丝经济，而广告的文案技巧对转化率的影响则相对较小。

就笔者自身的公众号运营经验来说，按照一贯的内容风格推荐自己的商品，并不会让粉丝觉得很突兀，且只要粉丝信任你，就愿意下单。

有的公众号用测评的方式进行商品推荐，即整篇内容都是关于某一类商品的测试结果和使用细节的解读，转化率非常可观。而目前有一部分以短视频为主战场的自媒体，也在用这样的方式卖货，比如李佳琦。

这就是内容电商与自媒体结合的力量。

知识付费

知识付费的消费逻辑和内容电商相似，但知识付费的产品逻辑是知识加电商，即用户购买之后会有学习的过程。

需要说明的是，知识付费不等于在线教育。知识付费的根本逻辑与出版相似，但产品由实体书变为了图文、视频、音频等，呈现方式由印刷文字改为声音解读或画面演绎；而在线教育的本质是知识传授和思维培养，在学习的基础上增加了一个检验效果的过程，是完整的学习闭环。

知识付费之所以会成为公众号的一个变现手段，主要是社会环境使然。

当前大众的心理普遍都比较焦虑——为自己焦虑，为孩子焦虑，为财富焦虑。而大多数公众号实际输出的就是可以满足粉丝这些心理需求的内容，但这些内容过于零碎，需要被重新整合。

一些大的自媒体看到了这样的市场需求，开始联系专业领域的意见领袖组织生产或者利用自身的 IP 属性生产内容，并要求粉丝付费购买，于是知识付费诞生了。我们熟知的罗辑思维、吴晓波频道、有书、新世相、十点读书等都是典型的以知识付费作为变现模式的自媒体。

知识付费的产品形态有很多种，当前以音频居多，使用体验好的产品多附带文字稿，时长一般为 5 分钟到 20 分钟，使用体验更好一些的是录播视频，时长为 10 分钟到 15 分钟。

目前的知识付费产品都在有意增加一些服务，比如提供专门的社群，配备班主任进行答疑，甚至组织用户打卡来检验学习成果，由此衍生出一个新的产品形式——训练营，这也说明知识付费产品整体在向教育产品进化靠拢。

少数知识付费产品会采用群聊直播、视频直播等形式，此类产品往往价格较低，甚至免费，常邀请知名的大咖作为嘉宾进行内容分享，目的是为专栏、系列课、训练营等产品进行导流。

还有一种知识付费产品是粉丝社区，目前比较受欢迎的是"知识星球"，其基本玩法是粉丝付费购买进入"星球"的资格，"星主"负责在其中提供内容、咨询等服务，也可以由粉丝自己贡献内容。所有内容都需要付费才能观看，并且有时间限制，超过了一定时间就需要再次付费。

案例：跟谁学公众号矩阵搭建拆解

跟谁学是一家在线教育平台，旗下覆盖了多个教育"赛道"，其中占大头的是 K12 教育，对应的品牌是高途学堂。凭借在该领域的出色表现，跟谁学成为第一个实现盈利的在线教育企业，并借此在美国上市，成为在线教育领域的巨头之一。

跟谁学在上市前，经历了 15 个月左右的高速增长期，有人将跟谁学的增长原因总结为"三个红利"，即新产品红利、新媒体红利和新社交红利。

首先是新产品红利，主要范围为在线教育这条"赛道"。

2018 年至 2019 年，在线教育作为被市场看好的领域之一，诞生了很多"独角兽"或"准独角兽"，而 K12 教育作为教育领域的绝对主力，从在线一对一课程到在线双师大班课程，以及新涌现的在线小班、AI 课程等模式，让在线教育迎来高速发展。

而跟谁学的核心产品模式就是在线双师大班课程，其教学效果远胜于在线一对一课程，且标准化程度更高，教师管理成本较低，性价比也更高。可以说，这样的产品和模式对于当时的用户来说是一个至优选择。

其次是新媒体红利，主要指公众号、朋友圈、信息流 App、短视频平台等新媒体平台的崛起，给企业提供了更多投放选择。

不过，跟谁学和互联网巨头们相比，在品牌方面并不占优势，只能利用有限的预算在一些小型公众号进行投放。跟谁学前后累计投放广告超过 4 万多条，这些广告带来的流量相对优质，支撑了跟谁学的增长。

最后是新社交红利，即借助微信生态的红利期实现增长。

跟谁学在这方面有很大的优势，其旗下有一百余个公众号，累计粉丝量达 1000 万以上，基于这些粉丝进行裂变和拉新，跟谁学实现了近乎几何级的流量和营收增长。

事实上，跟谁学利用自有留量池（公众号矩阵）带来的流量占比是非常高的，可以说这是它的核心策略，接下来我们来解读跟谁学利用公众号矩阵实现增长的底层逻辑。

笔者将其分为拉新和转化两个环节。

拉新环节

跟谁学公众号矩阵粉丝的主要来源有三个。

第一个是平台向自营平台转型前所累积的流量资源，主要为在服务全国教育机构的过程中积累的家长粉丝群体，多集中于二线以下城市。

第二个是社群或付费课程，即由社群向公众号导流，通过这个渠道关注公众号的粉丝会被反复提醒参与其他活动，进而引发裂变。

第三个是基于已有粉丝直接进行群裂变，裂变活动的频率非常高，每个活动都会把粉丝引导到不同的公众号和个人号。

这里我们重点拆解第二个和第三个粉丝来源的裂变运营细节。

跟谁学之所以能够高频推送裂变活动，离不开公众号自身的一些活动推广渠道，如图文消息、模板消息、客服消息、菜单栏等。

其中图文消息为主要渠道，因为跟谁学矩阵下的公众号类型多为服务号，可发送内容的次数有限，即一个月四次，每周一次，所以其每一次推送都多达 7~8 条，几乎每一条都有进群或关注公众号才能参加的活动。

其次是模板消息，该推广渠道在跟谁学的公众号矩阵中比较少见，主要原因是使用体验较差，风险较高，且使用频次过高会被取消掉相应功能，甚至彻底封禁公众号。

而客服消息是使用率非常高的推广渠道，也是与粉丝互动的最主要方式之一。跟谁学有一套基于公众号开发的用户行为系统，用户点击任意活动的页面，都会收到客服消息提醒，且频率非常高，基本每两天会收到 3 次以上的活动推广消息。这个方法可能会造成用户流失，因为不喜欢的人会直接"取关"公众号，但也可能会提高活动参与率，因为另一部分的人会选择点开看看。

菜单栏是公众号的另一大流量入口，跟谁学对它的利用也十分到位。它会在所有承接流量的公众号菜单栏中放置一个月以来的重要活动，这些活动基本以微信群的裂变为主，偶尔会有公开直播课程，每月的活动数量为 3~5 个。

其中，通过微信群裂变为公众号导流的路径如下：微信群 A 内的管理员发布活动信息→用户点击进入活动页面并扫码进入 B 群→用户转发活动内容→B 群管理员审核并提醒用户关注公众号领取福利→用户关注公众号回复关键词→B群获得福利→B群发布其他活动信息→用户进入微信群C。

跟谁学的微信群裂变活动以打卡获取免费资料的形式为主，资料内容往往覆盖全学科或全年级，如"初中九科易错题""中小学文言文训练"等，用户进群后需要转发活动。其实，单纯使用这种方法非常容易产生负面口碑，但群里会同时推广公开直播课，用户无须转发就可以收听，且跟谁学的名师资源是其主要优势和卖点（因为下沉用户居多），所以直播课往往能给用户带来较好的体验。此外，用户在预约直播课的时候会被提醒关注公众号，以进一步加强导流效果。

除了群裂变，解锁、助力等众筹裂变也是跟谁学的重要发力点。总之，公众号各渠道及微信群中的打卡、公开课、解锁听书、助力送书等活动，形成了公众号矩阵间的循环导流，让跟谁学实现了与用户的重复触达和高频互动，在扩大了整体规模的同时，也做到了一定程度上的粉丝留存。

转化环节

跟谁学的转化模式与绝大多数在线教育产品大同小异，采用的也是"免费活动→低价课→正价课"的漏斗转化模型，而基于公众号的转化方式则以公开直播课的直接售卖为主，即直播转化模式。

其实，跟谁学的公开直播课非常多，且直播时间多处于黄金时间段。公开直播课的老师往往是其主打的名师，授课能力顶尖，很容易让新用户产生信任感，这也符合直播转化的逻辑，即只有知名和优秀的人才能让用户主动关注。

接下来我们就拆解跟谁学公开直播课的具体流程。

➢ 精心开场，优化体验

在公开直播课正式开始前，一般会播放一些音乐进行暖场，因为开场太过于安静会让看直播的人觉得无趣。如果距离直播开始还有较长时间，大多数用户会选择先退出，到时间再进来，但也可能会因此而错过直播，这是直播前用户流失的主要原因。

暖场结束后，老师会进行课前叮嘱，提出一些要求并做出相应的承诺。例如要求用户坚持听到最后，坚持下来的用户会收到小礼物；听完课后要完成作业，做得好的用户同样会收到小礼物；课上答题全对的用户，可收到老师现场亲选的小礼物等。课前叮嘱会让用户快速进入学习状态，而老师许下承诺，则是为了让用户有坚持下来的动力，进而增加留存用户，提升转化率。

➢ 营造高势能，吸引注意力

有的老师喜欢在正式开讲前播放一段视频，类型有很多，例如展示《最强大脑》中 7 岁小孩挑战记忆力的故事，或者播放授课老师以往在电视台接受采访的片段。播放完视频后，老师会进行品牌介绍、自我介绍和课程介绍。在自我介绍中会重点展示过往的履历，尤其会体现教学经验和教学成果，如有多少年的教龄，带过多少学生，带出多少考入名校的学生，以及拿过什么样的职称、荣誉等。

通过播放短片和自我介绍，可以营造出一个理想场景，并借此与用户产生关联，建立初步信任，也让用户对接下来的直播内容产生期待。

> **切入痛点，验证方法**

在成功吸引用户注意力后，就要巧妙引出正式的讲课内容。最常用的方式是讲述一个普遍的痛点来引发用户的共鸣，进而提出课程中包含的解决方案。例如，"小升初"分班考试对于该阶段学生的重要性不言而喻，但有一类题目非常容易丢分，且分值较高，一旦出错会严重影响成绩。而考不出好成绩的孩子就进不了好的班级，会输在起跑线上。当老师把这些问题都指出来时，往往会让用户感同身受，引发他们的共鸣。

唤醒用户痛点后，就可以顺理成章地推出解决方案。方案主要以知识点学习方法和做题技巧为主，这些内容往往是老师熟悉且擅长的。然而，听懂方法是一方面，能不能用这个方法解出一道题是另一方面。跟谁学在这方面做得很到位，具体的解决方式是设置答题互动环节。例如，老师现场出一道题目，然后通过连麦的方式选出一个用户，按照讲过的方法辅导用户解答题目，让用户跟着一起思考，从而真正掌握知识，借此加深其他用户对老师和品牌的好感，这对后续的转化至关重要。

> ➢ **现场销售，引导下单**

经过切入痛点与验证方法的多重循环后，直播内容自然会过渡到与其相关联的正价课程上，进入正式的销售环节。一般情况下，老师会大致介绍一下产品，然后提出优惠方式，利用优惠力度引导用户下单，但这种粗暴的方式往往效果较差。

而跟谁学的直播销售过程则相对精细化。

跟谁学的直播销售过程是多轮进行的，一般会重复两遍到三遍，时间为 20~30 分钟，这期间不是单纯进行产品介绍，而是结合讲课内容与用户痛点去推荐产品，产品的卖点要有理有据，还要有对应的问题和场景，这样才有说服力。例如，在售卖英语课程时，老师会大概介绍一下一般人学习英语的历程，然后把每一阶段都罗列出来；再提出其中某一阶段容易出现的问题和适用的解决方法，进而指出课程正好可以提供和培养这种方法或能力；最后详细介绍产品卖点，并展示付费学员的学习效果。用户在这样的推荐下很难不心动，何况类似的过程还会重复多遍。

在这期间，产品的循环介绍不全是由老师直接发起，而是会适当转交给用户。例如，在答疑环节，如果直播内容很精彩，那么用户往往会积极踊跃地提问，与老师进行互动，这时直播间聊天区就会跳出销售推广链接，吸引用户报名。

当然，最后还要用如限制名额、限时特价、多科联报优惠、拼团优惠、承诺退费等价格策略和营销手段引导用户下单。

⏱ 留量池小黑板

- ✓ 公众号适合作为留量池的原因有三点：可以轻松服务大规模的用户，能提供专门的内容及服务入口，有全面的数据统计功能和强大的技术支持。

- ✓ 不同类型公众号的定位有所不同，订阅号的定位主要取决于内容，服务号则取决于产品服务。

- ✓ 公众号可以通过高频活动、优质内容、全网营销、矩阵搭建、渠道投放、线下活动等方式获取粉丝。

- ✓ 公众号留存策略的核心在于产品化，订阅号侧重于内容产品化，服务号侧重于活动产品化，前者要注意选题、风格和运营频率，后者要重视与粉丝的互动。

- ✓ 公众号的变现模式有几种，即卖号、卖广告位、流量主、粉丝赞赏、内容电商和知识付费，其中，内容电商和知识付费可以作为公众号长期变现模式的首选。

第四章

微信群，低成本留住流量的利器

　　自互联网诞生以来，群一直是流量池的基本形态之一，很多领域都把群作为重要的获客及转化阵地，而随着微信逐渐成为移动互联网的基础设施，以微信群为主要运营工具的企业也越来越多。

　　对于企业来说，流量池一直都有两种形态，一种是"江河湖海"，另一种是"自家鱼塘"，而如果每一个用户都是一条鱼，那么企业就是钓鱼的人。

　　在河里钓鱼的典型例子就是在大流量平台如百度、淘宝、抖音等投放广告，需要付出很多不可控的成本。如果每次钓鱼都花钱且数目不断增长，那么大多数企业都难以承受，这时，建造自己的"池塘"就成了破局的关键，而微信群就是大多数人的那个"池塘"。只要有了微信群这样的"池塘"，企业就可以在做好拉新、留存和转化等必要运营动作的前提下，将成本大大降低，而流量也将变成留量。

　　事实上，微信群运营很好地体现了留量池思维，本章我们将重点阐述微信群运营中拉新、留存、转化的常见玩法和基本逻辑。

微信群的三个核心问题

在讲解微信群的具体玩法之前，我们首先需要回答关于微信群的三个核心问题。

为什么进入微信群

我们可以先从这样一个场景去思考一下：当你邀请一个用户进入一个微信群后，他会有多大的概率退出？事实上，这个概率会受到两个因素的影响。

第一个因素是用户有没有在第一时间得知这个群的功能。如果通过群公告和拉群前通知等方式，告诉对方进入的是一个什么样的微信群，那么他有很大的概率不会退出。

第二个因素是这个微信群是否符合用户的预期。这里的预期包含两个层面：第一个层面是能否解决掉用户的某一种需求；第二个层面就是该微信群给用户提供的价值能否超过对方的预期。

简而言之，这个群能为用户解决什么问题，具体的解决方案是什么，以及这个方案能够带来哪些效果，这些都需要让用户在第一时间有所了解。

所以，一个微信群建立的重要基础在于传递的关于微信群的信息是否符合用户的需求和预期，一旦符合即可吸引用户进群，进而对其进行留存和转化，同时在这个过程中完成微信群的定位。

微信群的定位取决于三个部分。

第一个部分是微信群针对的具体人群，比如某一个年龄段或学段的用户、某一个地区的用户及某一个行业的用户，对应建立的微信群则分别是依据年龄段或学段划分的微信群（小学群、初中群、高中群、大学群等）、依据地区划分的微信群（北京群、上海群、东三省群等）及依据行业划分的微信群（互联网群、教育群、金融群等）。

第二个部分是微信群针对的某一年龄段、地区或行业的用户所存在的具体需求或痛点，比如毕业一年以内的北京地区的互联网从业者，他们可能存在的一种问题是不会系统地使用办公软件，缺乏基本的操作技能，围绕解决这个问题的需求就可以组建微信群，提供产品和服务。

第三个部分是在明确基本群体及需求的情况下，微信群能提供什么样的方案或帮助用户达成什么样的效果。

以上三个部分可以组成关于微信群定位的精准描述句式，笔者称其为用户预期定位句式，即**"建立针对＿＿年龄/地区/行业等区域的用户所存在的＿＿需求，提供＿＿的解决方案或达到＿＿效果的微信群"**。

笔者以运营过的在线教育微信群为例介绍这个定位句式的具体使用方法。

- 首先是人群，我们设定目标人群为小学 3～6 年级的学生。

- 其次是需求，他们当中有一部分人对学习数学明显感到吃力，如做计算题没有方法技巧，或缺乏对数学的学习兴趣。

- 最后是对于这部分人的需求可提供的方案，例如在微信群中提供讲述数学运算知识和技巧的公开课、老师进行针对性辅导，并组织学习笔记大赛等。

但在向用户传递微信群定位信息时，我们并不直接按照这个句式展示，而是通过一系列手段在宣传环节中层层递进。

一般情况下，微信群名称就是简化的定位句式内容，例如"北京小学 3～6 年级计算训练营学习群"，其中"北京小学 3～6 年级"就属于人群定位，"计算"是需求定位，"训练营"是方案定位。

而在用户进群后，我们需要通过群公告等方式告知用户更详细的微信群信息，包括建立微信群的目的、具体安排、具体玩法、有无规则、有无奖励及能提供什么价值和服务等。

不同微信群的建立方式不同，而通过用户分层而建立的各个微信群，就是来源于对不同层级的用户的定位，再将对用户的定位延伸至对群的定位。例如针对某一类用户的需求进行分层，具体方式可以是展开水平测试，根据分数区间将用户分为初级学习群、中级学习群、高级学习群等。根据分数进行分层，实际上是通过用户筛选进行用户定位，即只有达到一定分数要求的用户才能进入某个或某几个微信群，进而获得这些微信群内提供的信息和服务。当然，这也为不同层级微信群间的成员流动奠定了基础。

总之，微信群定位是微信群运营的核心，"用户为什么要进微信群"是我们建立微信群时首先要考虑的问题，这是在微信群采取拉新动作的基础，也是进行后续留存和转化的前提。

如何扩大微信群

微信群的增长主要有两个方向，一是单一微信群成员数的增长，例如从 100 人增长到 500 人；二是群个数的增长，即从一个微信群到多个微信群的增长。

这两个方向的增长所对应的策略不尽相同，对于第一个层面的增长，主要有两个方式可以采取。

第一个方式是在没有达到单一群的人数上限之前，不断在外部渠道宣传微信群的定位，尽可能让潜在用户知道该群能够带来哪些价值，可以满足什么需求，以此吸引他们加入微信群，直到达成人数上限。第二个方式是依靠已有用户，通过用户激励实现"老带新"，从而实现群规模的增长。由"老带新"带来的用户通常和邀请者有较强的信任关系，且多数符合微信群的定位，能够减少不必要的用户筛选流程。

笔者曾进过一个关于互联网运营的学习交流群，成员多是从业三年以内的运营人员，群内会有一些运营领域的课程内容，还会组织成员进行各种交流和探讨。这个群就采用了激励群内高质量用户邀请相似成员入群的方式来扩大群规模，不过在邀请的时候设有筛选机制，目的就是为了保证用户精准度。

再来看群个数的增长，主要通过复制的方式实现，即将一个群复制成多个群，再由多个群复制成更多群。当然，复制的个数和速度是随机的。这种形式的群扩张，实际上有两种操作思路。

第一种思路是在各渠道找到种子用户，建立一个或少数微信群并对其进行相对密切的维护，待种子用户群实现了稳定增长并拥有基础黏性后，从中选出一些用户作为复制新群的种子用户，然后按照初始微信群的增长节奏、方法和路径去发展新群。复制的新群可以先不做具体的分层，而是与初始群保持相似的定位，之后再逐渐按照年龄、行业、地区等标准划分组建垂直的微信群。

第二种思路是发动种子用户复制和建立新群，通过任务激励机制和合伙人机制两种用户运营方式激励种子用户，同时建立核心成员群，对他们进行辅导。就新群建立及复制的过程而言，其思路与第一种思路没有本质区别，细微差别在于给予种子用户一定自主权，由他们当新群的群主，并通过建立和运营新群获得收益，以此激励他们扩大群规模，实现群个数的增长。

实际上，无论是单一群的群成员裂变，还是以单群为基础的群复制，都离不开对老用户和种子用户的运营，这是微信群扩张的基础逻辑。

如何进行微信群的留存及变现

关于微信群的留存，首先要做的是告知用户微信群的基础规则，如按格式修改个人名片、不许发广告等。

其次是设计行为机制，主要包含积分任务体系和游戏化激励手段。积分任务体系就是告知群成员有哪些行为需要遵守，有哪些职责需要承担，一旦完成或做得很好就能得到虚拟形态的收益，如签到得积分。游戏化激励手段则往往是与任务体系结合使用的留存手段，有兑换、排行、对战、组队、挑战等多种方式，这些手段可以培养用户的黏性，为提高长期留存率打下基础。

再者，因为留存是一个长久的过程，所以要在流量源头上做一次用户筛选，用户入群活跃一段时间后再进行一次筛选，最后通过第三次筛选再次引入新流量。筛选的目的是保证是入群的用户符合微信群的定位，筛选越严格，用户越精准，质量和黏性也会越高。

关于筛选的模式，一种是审核制，即对每个申请进群的用户进行考察，用户只要满足条件即可进入；第二种是邀请制，由群管理团队事先寻找并接触用户，谈好后邀请入群；第三种是付费制，根据用户的付费行为对用户进行筛选，简单高效。以上三种方式可以根据微信群的具体情况来选择。

此外，还可以酌情使用淘汰制。想要一个群长期活跃，就要定期清除"僵尸用户"，这一点可通过任务机制的考核功能来实现，比如达到一定积分的用户才能进入下一个考核期，未达成的用户就要被移出微信群。

最后，要构建合理的微信群结构，合理的微信群结构包含管理层、核心用户层、普通用户层和沉默用户层，具体分工如下。

- 管理层负责维护微信群的整体稳定与活跃。

- 核心用户层是微信群的活跃主力，是凝聚普通用户的核心力量，占群成员人数的5%～10%。

- 普通用户层则是微信群的主体，多数情况下他们处于围观状态，偶尔会参与群内活动，甚至愿意付费，占群成员人数的70%～75%。

- 沉默用户层是不管群内发生任何事都不会予以关注的群体，约占群成员人数的20%，是我们要淘汰的主要对象。

通过构建合理的微信群结构，能有效提升用户留存率。其关键点是激发核心用户的作用，即在运营群的过程中，将主要精力放在核心用户的维护上，维护重点则是进行需求满足和行动激励。

再来说微信群的变现。

在了解微信群的变现模式之前，我们要先了解微信群为什么要变现。原因就是微信群本质上是一个流量储存形式，只有创造价值才能发挥其真正的作用，这也是微信群存在的意义。此外，做任何事都需要动力，只有在一个微信群完成变现，才有动力组建更多微信群，然后实现二次变现，形成完整的变现循环。

微信群变现涉及几个变现模式。

第一个变现模式是卖产品。例如社区团购就是基于微信群落地的售卖产品的商业模式，这种模式往往针对城市的各个居民小区，因为每个小区都建有微信群，这是具有精准定位的微信群，用户非常垂直。群里可以卖水果生鲜，也可以卖卫生纸等生活用品，只要群主发起拼团，群里的人参与拼团即可，转化率往往非常高。

第二个变现模式是卖服务。可以是咨询式服务，比如用户有学习上的问题，只需要付费就可以在群内得到解答；也可以是内容及信息服务，比如在付费微信群提供大咖讲座、精品资料、一手信息、资源置换服务等。

第三个变现模式是卖课程。课程分为教育培训类和知识付费类，而为了保证学习效果必须匹配一些服务，如答疑、讲座等，这些服务非常适合在微信群展开，所以，此类模式可以看作前两个模式的合并。

第四个变现模式是卖资源，也叫卖广告位。具体来说就是把掌握的微信群当作流量渠道，通过接广告进行变现。只要投放广告的企业的产品与群内用户的匹配度较高，双方基于此确认了交易意愿，就可以在群内进行分销推广。

不同用户组成的微信群的价值是不一样的。由女性用户组成的微信群，商业价值往往最高，因为女性的付费能力和付费意愿比较强烈，需求也更加多样化，如果你拥有这类微信群，卖资源一定是主要的变现方式。

当然，无论是卖产品、卖服务、卖课程还是卖资源，对一个微信群的发展都是有价值的。因为把用户聚在一起的是微信群的定位和功能，更深层的则是微信群体现的价值，只要用户认同这一点，就愿意留在群里，然后经过运营者的长期维护和交流，与运营者形成某种共识和信任。

这对微信群来说是最大的价值。只要给用户提供符合需求、使用体验较好的产品和服务，他们就会邀请更多人进群，也更愿意帮你的微信群进行扩张，进而使你的二次变现甚至持续变现变得更加容易。

微信群的四种裂变引流方法

我们在上文中解答了关于微信群的三个核心问题，本部分我们将详细讲述如何基于微信群进行拉新，一共可总结为四种方法。

转推裂变引流

转推裂变引流的逻辑很简单，即用户通过分享行为获得收益。具体来说，用户只需要分享一张海报或一篇图文内容，就可以获得产品。对于用户好友来说，他们看到朋友的转发，会出于对朋友的信任进行点击和参与。

转推裂变并非新鲜操作，在知识付费刚兴起的时候，有书就凭借转推裂变获取千万用户，可见其威力之大。

这里我们简单介绍一下转推裂变引流的两个核心要点，一是承接平台，二是转化形式。

目前承接裂变流量的平台主要有微信群、公众号、个人号和小程序，这四个平台中运营压力最小的是小程序，其次是公众号，最后是微信群和个人号。

对于转化形式，我们可以选择直接引导用户购买，也可以选择将其引入其他流量池。笔者更推荐后者，首先是因为其转化难度小，其次是有利于制造用户黏性。

接下来我们分别阐述这四个平台的转推裂变引流路径。

对微信群来说，流量导入后，群内用户只需要按照要求转发文案和海报，并发送截图至群内，管理员通过人工或机器方式审核通过后引导用户获取并使用产品，最后通过产品进一步将其转化为付费用户，其好处是效果可见且可控，缺点是运营难度大。其路径为：**在各渠道留下群二维码→用户进群后获得分享海报→分享成功后截图回复至群内→审核通过→引导用户使用产品→实现转化。**

个人号和微信群的情况类似，但是没有检测截图的技术支持，只能通过人工审核截图。但相比于微信群，个人号流量更精准，用户黏性也更高。其路径为：**在各渠道留下个人号→用户添加好友→用户分享海报→分享成功后截图回复→审核通过→加微信群。**

公众号也与上述路径的原理基本相同，支持人工审核和技术审核截图，具体操作则要视情况而定，运营成本较低。其路径为：**在各渠道留下公众号→用户关注并回复关键词→弹出海报并要求用户分享→分享成功后截图回复→审核通过→加微信群。**

最后是小程序，它是四个平台里运营成本最低的，因为可以启用强制分享功能，且分享后无须审核。其路径为：**在各渠道留下小程序→用户点击小程序→提醒用户分享小程序→分享后引导用户至客服消息界面→用户回复关键词→加微信群。**

以上就是转推裂变引流的基本模式，接下来笔者借用实际操作过的案例，系统讲述如何操作转推裂变引流。

该案例采用强制分享的方式，以微信群为承接平台，以公众号和直播课为转化手段，用 7 天时间获取了 10000 名以上的精准用户，整体转化率超 50%。

采用任何裂变引流模式之前，都要先进行策划，并且需要一个完整的落地方案和执行逻辑，其中包含前期、中期和后期三个环节。

前期需要做四件事：用户调研、敲定细节、任务分工及寻找渠道。

当时笔者所在的团队想做一个家庭教育项目，构思了很多创意都不太满意，后来通过问卷调查发现，用户对于时间管理有很大的需求，于是决定做一个时间管理践行计划。

确定做什么之后，就要进一步敲定整个引流方案的细节，完成这一环节的最好方式就是以用户视角梳理出完整的路径，通过分析关键节点来明确详细动作。在敲定细节之后，整个方案就形成了，此时只需要分配任务即可。这里分享一个原则，即不要一个人只负责一个部分，而是要一个人主要负责某一个部分，并全程参与其他部分，这样做的目的是防止活动在某一环节出现人员问题时无人候补。

至此，前期准备工作基本完成，只需要确定渠道，按照排期进行推广即可。

中期只需要做两件事，执行与运营， 前者按照活动时间、节奏、方案按部就班进行即可，后者则需要在关键环节上做好维护。当时从正式推广到第一场直播，我们一共用了 7 天时间，这段时间里除了群裂变流量的维护，我们还做了转化和留存的准备工作，即准备课程。需要注意的是，在用直播课进行转化和留存时，要准备多场直播，这样可以保证尽量多的用户留在你的微信群。

因为前期和中期的工作较为顺利，到了活动后期，第一场直播就达到 50%的转化率，并最终累积过万用户。

笔者认为，想要做好转推裂变引流，有三个关键点必须格外注意。

➢ **种子用户**

第一个关键点是种子用户，它的重要性不言而喻，但很多人往往容易陷入一个误区，即把种子用户当作老用户或留存用户，这显然过于片面。

所谓种子用户，是裂变引流第一次启动时所需要的参与者，可老可新，但有两点需要满足，一是数量大，二是质量高。大量的种子用户可以为裂变引流带来很高的势能，而质量高即有黏性的种子用户能持续扩大裂变引流的影响力，让长尾效应更加明显。想要满足这两点其实很难，多数情况下只能满足其中之一，而要想解决这个问题，就要努力自建留量池，或者去寻找能满足这两个要求的外部渠道。所以，用户渠道很重要，只要找到好渠道，微信裂变引流就成功了一半。

> ➤ 引流细节

转推裂变引流的第二个关键点是对细节的把控，尤其对于微信群的运营来说，有很多细节不可忽视，其中比较重要的有三点。

◇ 防截流

这是所有做微信群裂变引流的人最头疼的事情，之所以头疼不是担心被截流，而是担心给用户造成困扰，影响裂变引流效果。试想一下，当微信群里突然出现了很多广告，而此时正有大量流量进入，那这些流量变成传播者的概率会低很多。在微信群裂变引流兴起的初期，多是通过人工进行防截流操作，而目前的群裂变工具都带有自动踢人功能，发现群内有人发广告便会将其踢出群聊。

✧ 更换活码

当群成员满 100 人时就要换新群二维码，但实际上用户看到的只有一个不变的二维码，这个二维码被称为活码。以前多是通过人工完成这项工作，即发现群成员满 100 人就立刻更换，但难免会有疏漏，导致损失一部分流量。目前，活码工具有很多，像"金数据""草料二维码"等都可以实现自动更换活码，还有很多裂变工具也支持自动更换活码功能，很好地解决了人力问题。

✧ 审核截图

为了确认用户的转发操作，需要审核其截图，这是一步很简单的操作，但以前也是依靠人工完成，一旦流量过多就会出现运营压力过大的情况，好在现在的裂变工具都支持审核截图功能。

总之，我们可以通过专门的裂变工具对微信裂变引流进行辅助，大大提高拉新效率。

➢ **文案**

转推裂变引流的第三个关键点是文案，其包含两个部分，一个是海报主题文案，另一个是引导流程的术语。

关于海报主题的文案，其实有很多句式，其中一个较为通用的句式为"痛点+预期+解决方案"。例如针对家长头疼的孩子不会做时间规划的问题，我们就在文案中突出"计划"两个字，因为它能折射出时间管理问题，然后据此定下文案"合理定计划，学习后劲足"。

而关于引导流程的术语，主要是针对微信群成员的引导，因为用户进群后除了听课，还要转发，所以必须有一套完整的术语对其进行引导。这里有三个原则：一是态度强硬，即强调必须转发才能听课；二是制造紧迫感，术语中加入限量、限时等字样，提高转发概率；三是明确转发要求，即强调不许事后删除内容和提前设置分组，虽然有人会在截完图后就删除内容，但多数人还是会按照要求去做。

众筹裂变引流

关于众筹裂变引流，还要从众筹一词说起。

众筹，本质上是利用互联网发布募资项目，特点是门槛低、形式多样、依靠大众及注重创意。其实，众筹不止是一种募资方式，也可以用于发起其他项目内容，众筹的动力是项目创意或发起者的光环，而传播依靠的则是不同个体间的认同感。显然，众筹是适用于裂变引流的，因为它的发生依靠的是社交关系链。

基于此，众筹裂变引流不再是发起一个未知的内容，而是一个成形的内容，只不过需要邀请好友助力才能获得。而为了让邀请行为变得有人情味和接地气，就有了看似不同但实际上没有根本区别的各种众筹裂变引流玩法，它们的本质都是"人人帮我"。

笔者整理了两类众筹裂变引流玩法，即助力模式和解锁模式。这里先描述一下众筹裂变引流的基本流程：**选择渠道发布项目信息→提供传播素材→令用户以某种名义邀请好友参加→达到目标邀请量→**

加微信群。

助力模式是众筹裂变引流最基本的玩法，简单来说就是被邀请者实施规定的帮助动作，分享者就能收到提醒，当符合数量要求的被邀请者完成动作后，分享者就会获得相应奖励。在这个过程中，被邀请者实施帮助动作的行为叫作助力，这个动作可能是关注公众号，可能是添加个人号，可能是进入小程序，也可能加入微信群。

可以说，这个基本玩法非常直接地体现了众筹裂变利用人们彼此认同的心理进行裂变的本质，再加上此玩法多与福利性或稀缺性产品相结合，被邀请者往往会出于刚需而参与，从而形成多级的裂变。目前，助力模式已被大量应用，是最基本的获客手段之一。

现在大多数公众号都在利用助力模式涨粉，公众号也因此成了众筹的主要载体。其基本流程为：**在各渠道留下公众号→用户扫码关注→弹出邀请规则和海报→用户分享海报→用户邀请一定数量好友关注→系统检测邀请人数→用户达成规定要求→加微信群。**

个人号众筹引流的模式和公众号类似，用户可以直接添加好友获取海报，也可以在添加后输入邀请码获取海报。基本流程是：**在各渠道留下个人号→用户添加好友→输入邀请码弹出邀请规则和海报→用户分享海报→用户邀请一定数量好友添加个人号并回复邀请码→用户达成规定要求→加微信群。**

至于微信群助力模式，是另一个众筹裂变引流方式，其关键点在于运营者能否通过系统检测到群内成员邀请用户的人数，目前已有技术能够支持。其基本流程为：**在各渠道留下进群入口→用户进群→群主发布规则→用户邀请一定数量好友→系统检测邀请人数→用户达成规定要求→引导用户使用产品。**

混沌大学就曾以三人拼团的名义使用微信群助力模式涨粉，但根据笔者的观察，实际效果并不理想。主要原因有两个，一是用户体验较差，容易被截流，二是用户获取奖励的流程过于简单，即采取了群内发放的方式，导致用户留存率较低。

当然，小程序也支持众筹裂变引流。其基本流程为：**在各渠道留下小程序→用户点击小程序→提示用户邀请好友→用户分享小程序或海报→用户邀请一定数量好友进入小程序→用户达成规定要求→引导用户接收客服消息→用户回复关键词→加微信群。**

解锁模式是升级版的众筹裂变引流玩法，其基本原理和助力一样，唯一不同的是解锁模式在流程中增加了付费环节，即用户需要通过付费来获取整个产品中的一部分，剩余部分则通过助力的方式完成免费获取。

整个流程可以拆解为如下四步。

- 用户在各渠道看到海报二维码或链接，由此访问 H5 形式的产品介绍页。

- 在用户在文案的作用下发生付费行为后，引导其关注公众号，同时获得解锁规则和宣传海报。

- 根据解锁规则提示用户分享海报。

● 用户邀请的好友达到规定的邀请数量后，公众号会提醒用户解锁剩余产品，并引导用户进入微信群使用产品，实现转化。以教育类产品为例，基本流程如图 4-1 所示。

可以发现，每一个被邀请的人都会通过这四步解锁全部产品，而每个人都会邀请一定数量的人加入这个裂变闭环。如此循环往复，假如每个人邀请的人数是 x，那么就会带来 x 的 n 次方的用户量，即实现指数级增长，这就是解锁裂变引流带来的效果。当然，实际效果会比理论上差得多，因为会受到很多现实条件的限制，如产品体验、文案话术、初始用户数、活动时间等。

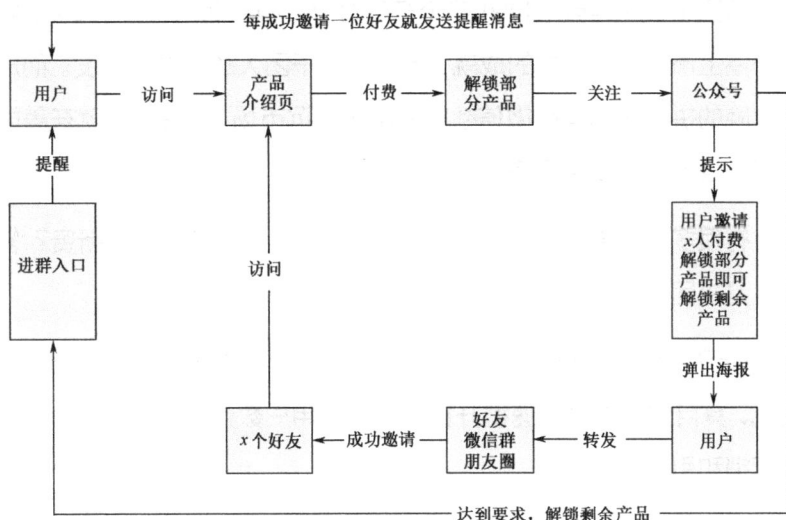

图 4-1　解锁裂变引流的基本流程

解锁裂变引流模式之所以要这样设置，是为了更好地让裂变来的用户留下来，这时只要产品的价值足够高，用户就愿意邀请新用户。

众筹裂变引流是一种长期有效的拉新方式，但在使用时有两点需要注意：一是要深入研究众筹的底层逻辑，这样在遇到新的玩法时就能很快理解它的精髓，并实现快速复制；二是要在深入研究的基础上，努力开发出新的玩法，并为之匹配适合通过微信群运营的产品。把握好这两个重点，产品实现持续性增长就变得指日可待。

拼团裂变引流

美团于 2010 年从 4000 多个竞争对手中脱颖而出，并于 2018 年在香港上市，能有这样的成就，当年的"千团大战"功不可没。而成立较晚的拼多多则借助微信社交生态和下沉市场，短短几年就在美国上市，且市值一度逼近京东。

有很多人好奇，是什么让美团和拼多多成功跻身互联网新贵？答案就是拼团。

所谓拼团，就是多人以低于原价的价格一起购买同一商品的消费模式，其目的往往是快速提升销量或扩大用户数量，是一种较为有效的营销和引流方式。

拼团有四个构成要素：商品、价格、团长与团员。

首先是商品，其没有具体的种类限制，可以是水果、衣服等实物，也可以是知识付费课程等虚拟商品。

其次是价格，这是构成拼团的核心要素，背后有两个重要的消费心理学原理作支撑，即互惠心理和价格锚点。所谓互惠心理，就是受惠于人后想要回报对方的心理，而价格锚点则是设计一个比实际价值高的价格，让用户进行对比和选择。例如，1 元和 99 元分别是拼团价格和原价，根据价格锚点，用户会选择花 1 元团购，而根据互惠心理，1 元对于用户来说是一种优惠，即便需要满足团购人数才能购买商品，用户也会分享出去让好友参团。

最后是团长和团员，前者是发起拼团的人，后者是参与拼团的人，双方多属于同一社交圈，这也是拼团能够被发起并被传播的主要原因之一。团长根据价格锚点发起拼团，再根据互惠心理邀请一定数量的团员参团，这就是拼团裂变引流的基本逻辑。

关于拼团与微信群结合的引流玩法，其基本逻辑是：**选择渠道发布拼团信息→用户付费开团→用户邀请一定数量好友→好友付费参团→拼团成功→加微信群。**

以下是其三种具体玩法。

第一种是低价拼团引流，是最常规的玩法之一。即团长和团员以低于原价的价格拼团购买商品，一般用于低客单价产品的大规模起量，如具备引流性质且配备群服务的付费课程，即活动课、直播、讲座、音频课等，多采用 1～19.9 元区间内的价格吸引用户开团，拼团人数则为 3～5 人。某在线教育平台曾利用暑假进行了 10 场博物馆直播，成功销售 17 万份 19.9 元的 3 人拼团课，而单人购买则需 99 元 1 份，是典型的低价拼团引流案例。

第二种是阶梯拼团引流，是低价拼团引流的升级版，简单来说就是根据成团人数采取阶梯式定价，成团人数越多，单价就越低，成交后将用户引入微信群转化即可。

第三种是分销拼团引流，常见的细分玩法有两种，团长免单和团长分佣。团长免单的逻辑很简单，即只要开团且组团成功，团长便可免费获得商品，而团员则没有这个权益。

有人可能会问，团长免单为什么属于分销拼团玩法？这是因为在常规拼团中，团长和团员都要付相同金额，而团长免单相当于把给团长免去的金额作为对其邀请他人的奖励，以此激励其带来更多的人。例如，笔者曾用拼团工具售卖某家庭教育课程，拼团价 99 元，3 人成团，而在设置团长免单活动后，一部分团员积极转化为团长，主动参与拉新，使成团数量提升了 1 倍。

团长分佣可看作团长免单的升级版，在这种玩法中，团长除了可以免单，还可以分享其专属购买渠道给好友，好友组团成功后，团长便能拿到佣金。以此来激励团长邀请更多人参团，邀请人数越多，团长收益越多，流量也就越大。例如，猿辅导会在用户购买 9 元的引流课时，提醒其用 2 人拼团的形式邀请好友参团并进群上课，把分销和拼团进行了完美结合，使之成为猿辅导快速增长的一大利器。

分销裂变引流

分销裂变引流是另一种有效的玩法，本质上是利用下线获取收益，所谓下线就是通过上家渠道购买产品的人，一旦下线或下线的下线购买成功，上家就可以获得一定比例的佣金或返现。千聊、小鹅通、荔枝微课等知识付费平台的推广员、裂变海报等功能，就属于分销裂变引流的玩法，而我们在上一节中提到的分销拼团，也属于分销裂变引流玩法。

分销裂变引流的基本路径为：**选择渠道发布产品→用户付费并邀请好友→好友付费且用户获得收益→联系所有付费用户→加微信群。**

实际上，分销裂变引流能取得传播效果，不仅得益于现金激励，还会受到运营手段、产品卖点及分销体系设计等因素的影响。

➢ 种子用户的招募与激活

运营手段对分销裂变引流的干预主要作用在种子用户身上，我们知道高质量的种子用户会为裂变带来非常大的势能，而通过运营将种子用户聚集起来并加以引导，分销效果才会更加出其不意。

在正式进行分销裂变引流之前，我们可以先在一些核心渠道招募一些愿意参与分销的用户，这些人会成为产品的第一批推广员，然后从这些推广员中遴选队长组成战队，并通过组队赛制进一步扩大种子用户规模，提升"冷启动"效果。通过招募并激活种子用户进行分销裂变引流的完整步骤如下。

- 在预热期从各渠道招募推广员，以佣金作为奖励，吸引头部选手参加。

- 通过微信群集中运营推广员，公布产品信息、具体玩法、组队要求、排名奖励、推广时间等信息。

- 自由组队，自选队长，自建分销流量池。

- 各队伍里的人分别进行大规模宣传，一边推广一边赚取收益，通过扩大声势吸引潜在用户加入。

- 将由各队伍渠道转化来的用户，统一集中在组织方，由组织方的人员建立微信群，对用户进行服务和进一步转化。

为什么用户会愿意参与分销，甚至愿意当队长、组战队？因为人人都有获取收益的渴望。例如，宝宝玩英语对外招募推广员的宣传语是"让育儿与生活零负担"，这种口号对于收入不高、赋闲在家的宝妈群体来说很有诱惑力，而且她们身边的朋友多数都有孩子，也有教育需求，推广起来难度较小。

此外，宝宝玩英语在招募文案上也是下足了功夫。首先会在推广员招募信息中列出公司的各项发展数据，告诉你不同产品的受欢迎程度。然后列出一些推广员的情况，告诉你他们获取了什么收益，他们的孩子收获了什么知识。最后告诉你成为推广员能获得哪些福利，如薪酬、晋升、礼物、活动等，当然也会说明推广员需要做些什么，如学习品牌理念、售卖课程、管理社群等，其中还包括成为推广员的条件，例如，只有与品牌理念契合、有热情和有想法的群主或老用户才能成为推广员。

> **分销体系设计**

在用户成为推广员后，我们要怎么帮助他们赚钱呢？这就涉及分销体系的设计，其重点在于层级和比例的设计。还以宝宝玩英语为例，它规定，推广员邀请学员买课或邀请好友成为推广员即可获得收益，并且根据被邀请用户购买课程的时长、被邀请推广员的首单情况及招生情况，获得不同额度的收益。

至于分销比例的设计，个人认为有两个方法值得尝试。

● 参考行业平均值和竞争对手的分销比例进行设计。

● 仔细研究并分析出一套合理公式，根据市场预算和营收目标，反推分销比例。

其实，在分销体系中，有很多用户是原来就购买过其他产品的用户，与品牌有一定的亲密度，他们是品牌在这一模式中获取流量的核心力量。例如，宝宝玩英语在全国有四千多位推广员，他们每月能获得几千元的收益，有的甚至过万元，而宝宝玩英语目前有几十万付费用户，这其中有多少是推广员的功劳，值得我们思考。

> **快速触达**

目前的分销玩法多与微信服务号相结合，即用户分享海报后，需要先扫码关注公众号，然后再进入课程页面发起分销。而其他用户通过海报进来后也需要关注公众号，然后再进入课程页面购买产品，至此，分享者即可获取收益。

如果用户只购买课程而不关注公众号，很容易发生用户流失的情况，不利于后续的引导进群和转化，除非其间通过运营、文案等手段再次提醒用户关注。

反过来想，用户往往也需要通过公众号的消息提醒了解自己的收益情况。当其通过分享行为完成了一笔交易，同时收到公众号提醒现金到账的消息，内心会得到极大的满足。

微信群的"促留"模型

相信我们都见过这样两种微信群，一种充斥着各种话题，每次打开都有上百条的未读消息，另一种则能常常看到群成员统一回复着相同的数字，且回复频率很高。

请问你愿意留在这两种微信群里吗？相信多数人的答案是否定的。其实笔者在刚做运营的时候，也觉得这样的微信群属于活跃的微信群，后来才发现这只是一个假象，活跃的微信群不应该是这样的，只有更有内涵的东西才能真正留住用户。

其实，哪些微信群是"活"的，哪些微信群是"死"的，我们通过一些数据就能够做出判断。微信群内做直播时的出勤率和打卡活动的参与率等数据都可以作为评判微信群活跃度的标准。基于此，笔者整理了一套核心的评判标准，供运营人员参考。

活跃微信群的三大标准

➢ 有用

有用的微信群有两类，第一类叫作干货分享微信群，核心词是干货。这里的干货指在微信群里输出的对所有人都具备价值的、能帮到他们的内容。例如对于 K12 微信群来说，有两种干货形式：一种是系统的题目资料，可以让孩子用于平时的练习；另一种是为家长提供的指导孩子做题的方法及与孩子沟通的技巧等内容。

干货分享的形式是不固定的，既可以是文字形式，也可以是音频形式。笔者就曾在一个 200 人的微信群里，用音频的形式和用户分享限制孩子玩游戏时间的方法。对于家长来说，孩子玩游戏是一个典型的教育痛点，而笔者分享的内容能帮助他们解决这个痛点，这就是干货分享。

第二类叫作价值讨论微信群，即群成员就某个问题进行交流和探讨。例如笔者在群内提出一个关于该不该限制孩子游戏时间的问题，很多人就会根据自己的看法贡献答案，而在贡献答案的过程中，必然会出现分歧，有了分歧就会产生辩驳和进一步的讨论。大部分围观的人都喜欢看到不同的观点，这样的学习氛围，会大大增加社群用户的黏性。

以上两种微信群就可以称为有用的微信群，而不同类型的微信群，对有用的定义是不一样的，读者可以根据自己所处的领域自行定义。

> **有趣**

一个好的微信群一定要有趣，即能通过活动的设计给群里的用户带来明显的情感调动与释放。

游戏机制往往能为用户带来很大的乐趣，换句话说，就是用游戏化的思维去运营微信群，能有效提升用户的活跃性。假如你是某个教育微信群的第一期会员，里面有一个积分体系，每天你都会通过签到获取积分，同时还会输出内容，参与活动，以赚取更多积分。系统会告诉你积分在什么时候清除，如果低于某一个分值你会被移出群，而如果超过一定分值，或在排行榜上获得一定名次，你会额外获得一些奖励，这些奖励能够用于兑换课程和周边。在这个群里，积分就是通过做任务获取的，再搭配兑换机制和竞争机制，能够让微信群变得更加活跃。这也是你会愿意在这个群里参与分享和讨论的原因，因为你从中获得了成就感和竞技感。

从这个例子可以看出，用游戏化思维做微信群运营是非常有效的，而且有一个模型可以帮助我们快速上手，就是大家都熟悉的 PBL 模型。我们多次提到的积分就是点数（Point），不同积分分值相对应的等级就是徽章（Badge），排名即排行榜（List）。定期梳理积分排行榜，按分值大小对用户进行排名，然后告诉用户不同分值分别可以兑换什么奖励，可以让用户在完成群里的任务时更有目标和动力。

> **有料**

有料，指在信息不对称的外部环境下，用户可以在微信群里得到其最需要的信息，如稀缺信息及一手资料等。

很多孩子处于升学阶段的家长微信群，就属于有料的微信群，因为这部分家长最需要了解的是升学信息、分班信息、哪些名校有内推名额及哪些名校有考试机会等信息。得到这些信息后家长会马上予以核实并采取行动，所以这样的群通常都很活跃。笔者以前进过各种家长经验分享群，很多已经"上岸"的家长会在群里分享自己是如何给孩子准备和规划升学的，这些经验对于还未"上岸"的家长来说，是非常宝贵的。

微信群的"促留"模型

对于微信群来说，促活和留存基本上是一体的。如果促活成功，就能很大程度地避免群内的成员流失，那么留存就是自然而然的事。

对于微信群的促活和留存，可以按照"**触发→行动→多变的酬赏→投入**"的步骤设计运营动作，接下来我们以线上训练营（包含上课与打卡两个基本环节）为原型对其进行拆解。

> ➢ **触发**

触发分为外部触发和内部触发，外部触发即每天在微信群进行上课提醒和打卡提醒，如发群公告、发红包等。

内部触发，则是通过训练营的课程内容及上课形态对用户进行影响。其中，课程内容应根据用户需求和权威体系进行打磨，上课形态也应以用户沉浸感为基本原则进行设计，例如直播模式和对话模式，都很容易吸引注意力和增加群内互动。

> ➢ **行动**

通过内部触发和外部触发，用户会在想要检验学习成果的动机下完成特定行为，如练习和打卡。根据公式"行动=动机+能力+触发物"，要想让用户顺利完成练习和打卡，需要让这种行为变得简单易行，即练习和打卡的方式不宜花费用户过多学习成本。

对于这一点，我们可以从以下两方面来考虑。

● 一是练习和打卡的内容。最好选择耗费时间较少的内容，如较少数量的选择题、几分钟的实践题等。例如，长投学堂就用较为简单的测试题来检验用户的学习效果，并且附送参考答案。

● 二是打卡的具体方式。可以选择使用打卡类小程序，例如，宝宝玩英语就开发了打卡小程序，在家长上传截图后，可以自动生成打卡海报和文案。

➢ **多变的酬赏**

在打卡环节，很多训练营会选择让用户写文字或做导图，这明显不符合简单易行的原则，在这种情况下，我们需要以极高的酬赏作为用户驱动力，而这种驱动力如果设置得合理，对用户的学习会有很大的促进作用。

酬赏一般分为三种。

● **社交酬赏**：人天生渴望被了解，据此可以在微信群内设置提问交流环节，引导用户分享观点。

● **猎物酬赏**：用户的需求就是猎物，如金钱、信息、资源等，对应的策略为设计组队打卡分奖金、坚持打卡得稀有资料等活动。

● **自我酬赏**：基于用户对成就感的渴望，可在训练营原有内容的基础上设计高难度挑战活动，以激发群内成员的参与热情，给他们带来学以致用的感觉。

➢ **投入**

通过触发、行动、酬赏三个步骤，基本就能改变群内用户的行为，让学习行为变得可持续。不过，用户自发持续学习的行为，显然对"促留"更为有用，据此可制订的运营策略，是将上课、打卡等任务进行游戏化设计。

所谓游戏化就是根据 PBL 模型（点数、徽章、排行榜）进行运营设计，例如：

- 规定听课和打卡可获得金币，金币可用来兑换奖品；

- 根据不同学习天数设置不同等级；

- 定期更新打卡排行榜，并据此给予用户相应奖励，让用户进行更长期的学习。

活跃微信群的三个常规手段

除了上述"促留"模型，我们还可以使用三个常规手段系统激活微信群。

> 轻输出

轻输出的核心在于一个"轻"字，即以较低的运营成本，高频输出有用的内容。而低成本的运营形式，个人认为有三种。

第一个叫作日报。笔者所在的很多微信群，每天都会推送早报和午报，它的本质是信息合集，为用户省去了寻找信息的时间成本。对于运营人员来说，只要经常关注所处领域的一些信息源，就能很好地完成这项工作。

第二个叫作"脑图"。这是用户非常愿意收藏的一类内容，主要是对一些文章和课程的精华内容的整理，它的好处是一目了然，易于理解，并且可以引发传播。

第三个叫作资料包。这是一种很基础和常见的输出形式，不同领域的用户需要的资料内容不同。例如，K12 用户需要习题、试卷和知识点清单，而职场用户需要的则是技能文档、行业报告等内容。

要想做到轻输出，运营人员要学会利用平时的时间去浏览和积累各种形式的内容，搭建自己的内容库，这样在需要的时候就可以马上拿出来分享。

> **勤直播**

勤直播即多以直播形式做内容分享，并且最好能固定时间段。例如，笔者运营的微信群会在每周二和每周四的晚上七点半做音频直播，这样做有助于用户养成收听习惯，提高用户留存率。

关于直播的内容，有两点需要注意。

第一个是要符合痛点，就是每一次直播的主题和内容都应该是用户最需要的，即直播的主题是用户急需解决的问题，内容则是解决问题的思路以及方法。

第二个是做要好长期规划，即针对用户情况，告诉用户在未来的一段时间内他将遇到哪些问题，并为他系统地排列出来，换言之就是列大纲。以此引导群成员报名长期系列课，同时给用户带来很强的价值感和期待感。

长期系列课的大纲如何制订？最简单的办法就是从不同角度对主题进行分类。例如，教育类课程可以从动力、习惯、方法、能力等角度进行划分，而增长类课程则可以从增长思维、获客方法、留存技巧、变现路径等角度进行设计。

总之，不同领域课程的划分角度不同，只要能让用户清晰理解即可。

> **做活动**

做活动的目的是调动微信群内成员的积极性，所以在设计活动时要遵循趣味性原则，具体的活动形式有很多，笔者在运营微信群的时候，常用的活动形式有三个。

第一个活动形式是送书，因为笔者运营的是教育类微信群，所以通常送教辅类的图书。每次准备大约 100 本，以裂变的形式将书送出，此类活动吸引的人群很精准，唯一的不足就是需要考虑群内刷屏和图书寄送的问题。

第二个活动形式是打卡，目的就是促活。不过这里的打卡不是训练营式的打卡，而是单纯的打卡活动，不依托于具体课程。

对于打卡活动的设计，笔者有三点建议。

* 打卡时间可设为两周，每天提醒用户用小程序签到，坚持打满两周就可以兑现福利，福利越大、越稀缺、越符合痛点越好。

* 打卡的时间和频率最好依据短时高频的原则设置，这样用户才会有新鲜感。长期打卡用户容易懈怠，而且运营成本较高。

* 如果要做长期打卡，最好对打卡机制进行游戏化设计。

第三个活动形式是发放优惠券，优惠券既可以用于购买产品，也可以用于其他用途。笔者曾做过一个课程线索收集活动，设置了一个长期系列课的优惠券，只要用户填写问卷并预约试听课程就能领取，凭借此活动，笔者成功收获了几百条高质量的课程线索。

微信群用户转化的八种方式

完成引流和"促留"环节之后，就可以对微信群内的用户进行转化。这一步往往在所有的群内活动结束之后进行，目的是让用户拥有良好的体验，进而愿意主动付费。但在实际执行时，很多运营人员会发现转化率远比我们想象得低。

目前，大多数人在利用微信群做用户转化时会在整个微信群活动的前、中、后期进行产品推广，例如一些依托于微信群的训练营会在每节课结束后进行产品推销。

此外，想要真正做到高概率的微信群用户转化，还可以用到以下八种方式。

倒计时促销

倒计时促销是微信群转化的常用手段，原理是通过制造紧迫感促使用户采取行动，具体形式为发布倒计时图片，或在营销页面添加动态的倒计时时钟图标，并引导已下单用户发布付费截图，进一步增强用户的紧迫感。宝宝玩英语就常在群内发布吸睛的倒计时图片，其在推广精品体系课时搭配了"仅售 3 天"的倒计时海报，并在下架前的最后一天发布了"倒计时 1 天"的海报，然后以整理订单的名义在群内发布其他用户的付费截图，通过此举，只要这个群是活跃的，就一定有用户会报名。

口碑证明

口碑证明是另一种常规转化手段，适用于很多场景。在微信群环境中，口碑证明的方式多体现为邀请用户分享产品使用心得，或在官方渠道通过图片和视频等形式展示用户的产品使用状况。还以宝宝玩英语的体验课微信群为例，它们的营销号会在群里发布很多学生阅读绘本和使用产品学习英语的视频，并且还会邀请一两位学生家长以文字的形式分享学生学习课程的经历，这无疑能提升产品的可信度，增加转化概率。

权威效应

权威效应，指利用产品中的专业要素进行产品营销。以在线教育课程为例，可以在微信群内发布一系列文字和图片告知群成员老师是科班出身、名校毕业，课程体系参考了国家标准、使用了公认科学方法，课程分为几个等级、几个模块等信息。通过展示可信度高的产品卖点，能显著降低用户的决策成本，提高用户预期，促进用户转化。

有奖问答

对于微信群来说，通过趣味活动为产品造势，对于转化率的提升有很大的帮助。

宝宝玩英语在这方面是一个高手，它旗下的微信群里常常设有有奖问答活动，群主依次提出设计好的互动性问题，群成员只需要发消息抢答即可，答得好、答得多的群成员可以领取奖励。这一环节的核心在于题目设计，即题目一定要与产品相关。例如可以出几道趣味英语选择题让大家抢答，之后直接引出英语课程，让用户在娱乐的氛围中快速决策，主动下单。

拼团秒杀

拼团是最基本的用户转化方式之一，笔者观察到，很多在线教育平台如高途课堂、宝宝玩英语、新东方绘本馆等均采用拼团方式进行用户转化。这是因为拼团是一种效果明显且非常适合群体性转化的营销玩法，尤其和制造紧迫感的手段如商品秒杀等活动相结合，效果会更好。其底层逻辑是多人一起购买能最大限度地降低用户决策成本，不过在价格设计上需要好好琢磨，以尽量保证盈利空间。

付费赠礼

当用户付款下单后，运营人员是否还有空间进行更好的营销转化设计呢？答案是有，这个方法是付费赠礼。常青藤爸爸的微信群就用到这一玩法，具体方式是以倒计时、秒杀等限时手段促使用户下单，并引导购买者在群内发布付款截图，同时回复关键词领取海报，然后凭借转发海报的截图通过找群主或填写问卷领取福利。

埋点接龙

埋点指在一切与用户接触的环节中植入产品购买入口，例如，在欢迎语、通知语、提醒文案、打卡文案等中添加付费链接，通过高频率的产品曝光吸引用户下单。起点学院的微信群在这方面做得不错，其令人称奇的是在给用户复制用的打卡文案里放入产品购买链接，等于每有一个用户复制文案并打卡，就增加一次产品曝光，当有很多用户发布打卡文案时能大幅增加转化率。

另一个玩法是在用户报名或预约时进行接龙，即群主在统计回复了"已报名/预约/下单"的用户的名单时，将名单发布到群里，每有一个人回复，群主就发一次，或者由用户自己复制文案并添加名字发到群里，借此通过高频率的产品曝光激发其他用户的付费欲望。

组合营销

多个用户转化方式相互组合，构成第八个适合微信群用户转化的手段，即组合营销。这里我们只介绍一个组合玩法：锚点+附赠+闪群+秒杀。

企鹅辅导在进行微信群用户转化时，曾推行如下转化策略。

- 以84元低价售卖原价599元课程，限时1天。

- 附赠一对一辅导课、名师专题课、包邮礼盒等福利。

- 邀请新用户进群，即可领取15元优惠券（限量20张）。

首先利用价格锚点（原价599元）吸引用户注意，然后通过列出赠品清单提升产品附加值，用"一对一""名师""包邮"等关键词勾起用户的下单欲望，最后利用限量的20张优惠券促使用户行动，整个过程清晰流畅。

除了微信群内的用户转化，个人号私聊也是一种非常重要的用户转化手段。

个人号私聊的转化策略分为三个级别，初级策略为群发文案和海报；中级策略为结合微信群活动，以限时售卖、降低用户疑虑等手段进行营销；高级策略则是根据每个用户的群内表现进行分层管理，利用不同的转化手段和转化文案进行更有针对性的营销，实现效果最大化。

案例：核桃编程微信群用户50%转化率拆解

核桃编程是"体验课+社群"转化模式做得比较出色的在线教育公司之一，据说其微信群能达到30%～50%的用户转化率。我们可以从它的玩法中看到很多令人眼前一亮的细节，如果能将其吸取并为自己所用，将受益无穷。

拉新环节

核桃编程会将公众号的二维码在朋友圈、公众号等渠道进行投放，或者在自有公众号中进行推广，用户通过扫描二维码进入公众号后会跳转到小程序，然后看到课程拼团页面，点击"参与拼团"。小程序拼团以前多见于社区团购，对于在线教育公司来说算是一个创新。

在宣传素材上，核桃编程突出了红色和橙色两种色调，红色会让人感觉非常醒目，能够明显提升用户的点击和扫码欲望，而橙色则用来中和红色带来的视觉冲击感。

拼团成功后，小程序会引导用户回复数字"0"，然后获得相应的图文链接，用户点击"阅读预习资料"，然后添加班主任微信并关注服务号。核桃编程将这一步流程做得很细致，并且是在图文消息里展示了操作步骤，降低了用户的操作难度。唯一的不足是流程过长，这与小程序本身的设计有关，如果直接用公众号也许会更加流畅。

在用户关注服务号之后，系统会引导他们进行分销传播，进一步扩大拉新范围。具体的流程为：用户关注服务号→扫码获取相应的文字和海报→用户分享海报→好友扫码进入课程页面→好友付费→邀请者获得30元收益→持续邀请→奖励叠加不封顶→实现裂变循环。

留存环节

用户在小程序中添加班主任的微信后，班主任会发来一段提前编辑好的自我介绍，告诉用户自己是谁，自己的学历、教育经历，甚至是家庭状况，并提醒用户做好准备工作，同时发送学习软件在电脑客户端的安装文档和课程信息，此外还会和用户确认设备调试情况。

用户在进群后会看到常规的引导环节和开营仪式。引导环节很简单，即提醒用户安装客户端、告知开课时间及发布群规。

开营仪式分为如下几个环节。

- 详解家长须知，其中包括课程表介绍和班主任自我介绍。

- 开展名为"为什么要学编程"的文字讲座，讲座包含两部分，第一部分是编程科普，目的是给用户奠定基本的心理认知，并在此基础上进一步说明学编程对孩子的好处；第二部分是编程趋势介绍，通过解读国内外编程的发展状况来说明让孩子学习编程的必要性。

- 介绍核桃编程，即以图片形式展示教师实力、教研实力、行业认证等能体现品牌实力的内容。

- 拼团课的学习安排和常见问题解答。这一环节值得注意的是完课奖励和作业展示部分。完课的用户能得到结业证书，获得成就感，而作业展示则展现了用户的学习效果，让新用户对接下来的学习充满期待。

此外，运营人员还会引导用户进入其他流量池，即订阅号，通过提供丰富的学习资料，提升用户获得感，增加用户黏性。

而在正式的学习环节中，运营人员一般会进行如下操作。

- 提醒用户上课并完成挑战，挑战完成后引导用户把学习成果发到群内。

- 提醒用户完成课后检测，然后引导用户将成绩发到群内，以提升群活跃度，此外还会为用户补充讲义，把服务流程做得更加彻底。

- 发布干货知识，进一步提升群成员的学习体验。

- 回顾上一讲的知识，帮助学员查缺补漏，这一步同样能为用户带来良好的学习体验。

- 展示优秀学员榜单，借此刺激其他学员的学习意愿，同时提升上榜学员的荣誉感，这样既有助于提升学员完课率，又能增加活跃用户对核桃编程的认同感。

转化环节

五天的课程服务过后，就到了正式的转化阶段。只要前期服务做得充足，用户对产品的认同感较强，此时只要加上适当的营销手段，就可以大大提高转化率。

核桃编程在该阶段设计了如下的转化流程：告知用户产品收益→展示产品效果→明确产品保障→列出优惠措施。

➤ 告知用户产品收益

这一步的核心逻辑是把产品能给用户带来的好处罗列出来。编程能很好地锻炼人的逻辑思维能力，还有助于提升个人规划力和自主学习能力，列出这些好处能让用户对产品收益变得更加期待，但对用户决策的影响其实十分有限。

➤ 展示产品效果

学习效果的展示对于教育产品来说是一个"必杀技"。因为大部分用户只有在看到效果后才愿意付费，这是做教育类产品用户转化时的核心动作，实现这一点，就有很大的转化率保障。核桃编程展示的学员学习成果的短视频，对用户转化起到了很大的作用。

➤ 明确产品保障

这是做教育类产品转化时的另一个关键动作，给予用户承诺，明确产品保障，能在一定程度上打消用户疑虑，提高转化率，而一旦承诺没有兑现，则会面临用户退费的风险。

> ### ➤ 列出优惠措施

实现用户转化的另一个前提是为其设置合理的产品优惠价格。核桃编程的课程单价在 2600 元左右，课程的含金量很高，包括大量的课时和辅助的活动课，然而基于这个价格，用户的决策成本依旧很高。为此核桃编程设计了两个优惠活动，分别是邀请有礼和阶梯团购。

邀请有礼即用户每邀请一个人就可以获得 50 元优惠券，最多可邀请 6 人，也就是一共能优惠 300 元。虽然这个活动的优惠力度较小，但为核桃编程带来了很多潜在用户。

阶梯团购是优惠活动的主力，也是引发大规模购买行为的核心动力，即产品预约人数越多，优惠力度越高，产品价格越低，另外其还要求用户在预约之后分享团购链接到微信群内，以便群内其他成员点击预约。

留量池小黑板

- ✓ 微信群是一种非常重要的留量池形态，对于某些领域来说甚至是核心的流量储存方式，值得我们进行深度挖掘和精细运营。

- ✓ 关于微信群，有三个核心问题：用户为什么要加入微信群？如何扩大微信群？如何对微信群用户进行留存和变现？

✓ 用户加入微信群的前提是微信群能满足用户的需求和预期，可用微信群定位句式对微信群进行定位，即，某类用户+某个需求+某种解决方案或达到某种效果。

✓ 微信群的增长有两个基本方向，一个是利用初始用户进行"老带新"裂变，另一个是利用初始微信群复制更多微信群。这两个方向都需要用到这四种引流玩法：转推裂变引流、众筹裂变引流、拼团裂变引流及分销裂变引流。

✓ 微信群的留存是留量池思维的核心体现，其目的是为变现做准备。高留存率的微信群特征为有用、有趣和有料，而在具体运营时，可通过制订基础规则、设计行为机制和定期淘汰等方式来保证留存用户的质量，还可通过设计行为机制对微信群用户进行规范引导和激活。

✓ 基于微信群的用户变现模式主要有四种，分别是卖产品、卖服务、卖课程和卖资源，前三种占主要地位。而在微信群中售卖产品还要依靠具体的用户转化方式，共有八种，分别为倒计时促销、口碑证明、权威效应、有奖问答、拼团秒杀、付费赠礼、埋点接龙和组合营销。此外，个人号私聊和朋友圈营销也是微信群用户变现模式的有效补充。

第五章

小程序，新的留量洼地

自微信推出小程序以来，小程序已成为各大互联网巨头布局的重要方向。目前，已有微信、支付宝、百度、今日头条、抖音、淘宝、腾讯及 360 等互联网平台上线了小程序。

而在微信中，用户也越来越习惯于使用小程序，基于小程序的产品服务和运营玩法也越来越多，诞生了很多以小程序为核心商业模式的创业公司和第三方服务商。

可以说，小程序是非常容易被忽视的流量洼地，如果能将其系统地运营起来，其将成为企业重要的留量池组成部分。

本章将从小程序的概念及特点，小程序的产品设计原则，小程序的拉新、留存、变现玩法等方面介绍小程序的留量池运营策略。

小程序的概念及特点

小程序的前身是应用号，为了提供更好的产品服务体验，微信在2016 年正式开启小程序内测。

从 2017 年开始，微信陆续上线一批小程序产品，最具代表性的是小程序游戏"跳一跳"，一经推出就风靡朋友圈。此后，小程序正式成为微信的主要流量工具之一，而微信也开始持续迭代小程序的功能，让其可以满足更多开发者、企业和用户的需要。

那究竟什么是小程序？所谓小程序，就是一种无须登录和下载就能使用的轻型应用服务，用户通过搜索或扫码均可直接打开使用，非常方便。

当今中国人的大部分时间都花在微信上，因为社交关系基本都沉淀在微信里，在此基础上才衍生出了我们使用微信其他服务的需求和机会。在小程序诞生之前，我们想要购物时会先退出微信再打开淘宝或京东，想要和朋友打游戏时，也要先退出微信再打开"王者荣耀"或"绝地求生"，虽然这些过程耗费的时间不会太久，但在体验上确实不够人性化。

对比小程序和 App，可以发现小程序主要有三大优势，也可以叫作三大特点。

无须安装卸载

当我们想要使用一个新的 App 时，需要从 App Store、华为应用市场等应用商店中下载安装，而此时如果手机的内存不够，还需要卸载其他的 App 以腾出空间。此外，App 太多会占满手机屏幕，不便于用户查找，而从企业的角度来讲，也不利于每个 App 的活跃。

相比之下，小程序不用安装和卸载，只需点击或扫码即可使用，真正为用户带来了便利。

触手可及

App 的获取方式有很多，但最主要还是通过装机、应用商店、"积分墙"等方式获取，企业虽然可以通过社交裂变的形式推广 App，但用户的分享成本和使用成本会比较高。而小程序则不同，因为处于微信这样的社交平台内部，小程序有很大概率会通过好友推荐被用户获得，且微信还设有专门的搜索入口便于用户搜索并使用小程序。

用完即走

用完即走是"微信之父"张小龙提出的产品设计原则，而小程序则完美地诠释了该原则。App 是不希望用户用完即走的，反而希望用户能花更多时间停留，因为只有这样才有机会创造更多的收入。但从用户的角度来说，用完即走更符合他们的使用习惯。我们不可能花一天时间"泡"在一个 App 上，只有有使用需要时才会打开，一旦用完就会退出。

而在微信中，用户只需点击就可以使用小程序，用完即可关掉，不会影响用户浏览群聊、文章及朋友圈。尤其是工具性小程序，即开即用、用完即走，大大节省了用户的时间成本。

虽然小程序的用户是用完即走的，但最终还是留在了微信里，小程序相当于是在为延长用户的微信使用时长做"贡献"，从这一点我们就能看出这一互联网流量巨头开发小程序的真实目的。

小程序产品的六个设计原则

从小程序诞生起，笔者就一直在观察、体验和思考：到底什么样的小程序是有价值的？什么样的小程序是会被用户喜欢和接受的？据此，笔者总结了小程序产品的六个设计原则。

不仅基于工具，还基于服务

基于微信这样的大流量平台，小程序往往会被优先考虑设计成一个工具性的产品。例如，打卡小程序可帮助用户做知识练习，网盘小程序可用于储存文件，抽奖小程序可满足送礼需要等。这是一种很常规的设计逻辑，但对于小程序来说，此类设计其实低估了它的价值和拓展空间。

其实，小程序可以承担很多的服务，至于什么才算小程序的服务属性，笔者认为，能提供满足基本需求以外的价值，就可以被理解为服务。例如，支付小程序可以在用户完成支付时提醒用户领取一张优惠券，用于下次支付；打卡小程序可以在用户每完成一次练习时，推送相关的其他形式的免费课程，满足用户额外的内容需求。

通过拓展小程序的服务属性，能给予用户更好的使用体验，满足用户更多样的需求，也能让小程序自身的留存属性实现较大的提升。

从自有 App 切入

除了围绕用户需求设计小程序，将已有 App 进行小程序化也是设计小程序的一个切入点。它的优点是可以实现快速起步，例如可利用 App 的社交属性推动用户向小程序端的流动，实现产品"冷启动"。

例如简书 App，用户将其内容和功能分享到微信群或私聊对话框的位置时，显示的就是小程序的形态。其他用户点击简书小程序后，可以将其继续分享给其他群聊或个人，还可以通过点击只有 App 才有的功能跳转到 App，构建 App 与小程序之间的流量闭环。

融入微信生态

小程序是微信生态的重要组成部分，所以我们所设计的小程序一定要符合微信生态的要求，尽量能与微信中的其他工具结合使用，如公众号和微信群。像小程序"群勾搭"就是一个能连接多个微信群的小程序，目的是解决多个微信群的管理和整合问题。

群主或群成员可以申请添加所在的任意微信群到"群勾搭"小程序，群主还可以通过运营手段引导群成员以在"群勾搭"小程序中填写信息的方式做自我介绍，并转发到群内，以此实现群成员信息沉淀。

使用简单，功能巧妙

小程序本质上是一种轻型应用，它的"轻"主要体现在两个方面。

第一个方面是小程序的使用方式符合碎片化的社交场景，即点开即可使用，且停留时间很短。通常我们浏览群聊消息或私信只要几秒钟时间，这意味着小程序的核心功能要尽可能设计得简单实用，并且最好只有一种呈现页面，让用户可以迅速做出决策。

另外，小程序的使用路径也要尽量单一，以给予用户好的使用体验，从而提升留存和拉新概率。例如有一个地图小程序，用户只要点进去就可以看到周围有哪些地标，此外就只有一个分享按钮，点击按钮即可将其分享到群内，使用起来非常简单，引流效果也非常好。

第二个方面是小程序的开发时间与 App 相比要快得多，且更容易迭代。而为了保证小程序能实现"冷启动"，最初的版本要尽量在一周内完成开发，这样有利于运营者快速摸清用户感受，有助于开发者快速完善产品。

有分享功能，易于传播

小程序使用简便，且适合在群聊、私聊等场景中展示，具有很强的传播性，而驱动传播的方法就是设计分享功能。

例如可以设置需要先分享到群里才能继续使用小程序的机制，类似答题类小程序，可以设置为每答几道题就需要分享一次。还可以设置成功邀请新用户才能继续使用小程序的机制，也可以设置多阶梯的邀请任务，以增加分享频率。"连咖啡"小程序曾推出的咖啡红包玩法，就是用户每邀请一个人点击小程序，就能拆开一个咖啡红包，全部拆完四个红包就能获得更大的奖励。

当然，也可以采用主动裂变的策略，功能设计上也非常简单，即增加一个相对明显的分享按钮即可，然后凭借小程序的优秀产品体验来打动用户，促进传播。通过给小程序增加分享机制，能大大降低小程序的获客成本。

利用需求和场景进行定位

小程序的使用属性是用完即走的，要想让用户再次光顾，就需要通过用户需求和使用场景对小程序进行定位，便于用户想起和寻找。

小程序所用的技术框架是 JS（Java Script，一种具有函数优先的轻量级，解释型或即时编译的编程语言），类似于浏览器，与原生 App 的体验相比其实是有所损耗的。换句话讲，小程序更像微信中的插件，浏览器插件的定位和功能都可以往小程序里套。

所以，小程序的定位一定要精准，最好能解决单一的场景问题，保留最核心的功能，这样用户一旦有需求就能马上想到你的小程序。

例如麦当劳的点餐小程序，其核心功能是点餐，笔者每次在上班之前，都会很用这个小程序订餐，订餐过程十分流畅，而且到店就能取餐，节省了排队的时间。此外，小程序还适合搭载轻量级的课程内容，既符合用户的使用习惯，也符合小程序的定位，而一些重量级的产品，如时间特别长、特别重视练习、互动较多的课程就不适合放在小程序中。

在教育行业，沪江网校的小程序矩阵的设计足以称得上令人惊艳，它基于内容、工具、效率、服务这四大需求一共搭建了超过 100 个小程序，覆盖的基本都是碎片化的单一学习场景。当用户有练习口语的需求时，会打开"天天练口语"；当用户有练听力的需求时，会打开"天天练听力"；当用户有去韩国旅行的计划时，会搜索"沪江韩语"。任何一个和语言有关的场景，都能让用户想到沪江网校的小程序，可以说在语言这个"赛道"，沪江网校用小程序实现了地位上的遥遥领先。

小程序的推广运营玩法

小程序的易传播性决定了裂变是其最主要的拉新方式，接下来我们就系统介绍一下小程序的拉新玩法。不过在这之前，我们需要了解小程序传播的主要动因。

小程序传播的四大动因

经过对多个爆款小程序的观察，笔者总结出小程序传播的四个主要动因，分别是产品游戏化、产品公益化、产品个性化和产品利益化。

➢ 产品游戏化

游戏化是小程序在初期爆发的最主要动因，像我们熟知的"跳一跳"小程序，就是以游戏化为主要增长驱动力的。

游戏类小程序有四个特性，分别是趣味性、激励性、竞争性和社交性，我们以"猜画小歌"小程序为例来进行说明。

首先是趣味性。在"猜画小歌"小程序里，用户根据提示进行单笔作画，由人工智能系统来检测用户所画的是否为提示之物，这个过程非常有趣，用户会好奇自己画的东西能不能被识别，这种期待感很容易吸引用户参与其中。

其次是激励性。在"猜画小歌"小程序里，只要人工智能系统猜对你所画的画，你就能获得奖励，奖励的形式是给你评定越来越高的等级，即荣誉激励。而更多游戏小程序给予的奖励是物质上的，如积分、红包、金币等，这是因为物质奖励比精神奖励更能让用户坚持使用小程序。

再者是竞争性。游戏中的排行榜可以激发用户的竞争欲望，当我们看到别人比自己玩得好，段位比自己高，就会更努力地玩游戏，直至超过别人。在"猜画小歌"小程序里也是如此，其以等级和画图张数作为排名标准刺激用户，使他们活跃起来。

最后是社交性。多数游戏小程序均有邀请好友组队的功能，如"猜画小歌"小程序新增的好友同玩功能显然就是想利用社交关系来促进小程序的增长，达到既留住老用户又增加新用户的目的。

趣味性、激励性、竞争性和社交性，这四个特性结合在一起，使产品游戏化成为小程序增长的首选利器。

> ➤ **产品公益化**

公益化产品之所以能驱动小程序传播，是因为人都有恻隐之心，很多人会主动参与公益性的活动，并在参与之后想让别人知道自己做了好事，展示自己的爱心。

最能体现这一动因的案例是中华田园犬刷屏事件。当时网络上有人曝光杭州相关部门拒绝给中华田园犬配狗证的事件，原因是中华田园犬是禁止饲养的犬种。北京一家宠物公司根据这个热点开发了宣扬保护中华田园犬的小程序，立刻轰动了朋友圈，大家纷纷转发以示支持，而该公司也因此实现获客，该案例成为小程序增长的经典案例。

> ➤ **产品个性化**

个性化的产品是最常见的刷屏产品之一。笔者通过观察以个性化为增长动因的小程序和H5发现，人们乐于通过分享个性化产品满足炫耀心理，并通过所分享的内容标榜自我。可以满足这种心理的产品形式有很多，可以是测试题，可以是可以进行个性化操作的产品，有的产品甚至只要输入自己的名字、生日和到过的地方即可，最重要的是最后得出的结果要符合用户潜意识里对自己的认知。

像"西瓜足迹"小程序，当初之所以能够一夜之间刷遍各个微信群和朋友圈，就是因为用户仅需要在小程序中选择自己到过的城市，就可以生成专属的"旅行地图"，借此让用户产生"我竟然去过这么多地方"的满足感。

当然，最终的结果一定要是正向的，不好的结果是不会被分享的，因为这对用户来说没有任何意义。所以，要想通过个性化设计推动小程序的传播，就要对结果的描述好好下一番功夫。

以上三个动因的本质是通过满足人们的精神需求促进小程序的传播，而第四个动因即产品利益化，才是最容易激发用户行动的。

➤ 产品利益化

所谓产品利益化，即让用户通过分享产品或邀请新用户获得奖励。这不是小程序独有的增长方式，而是几乎所有互联网产品的"标配"。

像名为"运动赚"的小程序，其产品名就彰显了其设计意图。而其产品本身，也把赚钱这一功能体现得淋漓尽致。例如在每日签到时，系统会提示用户通过邀请好友获取"运动币"；又如在"天天领红包"环节，用户可以自己领红包并邀请好友开红包；而在"幸运转盘"环节，用户在中奖之后，系统会提示用户通过邀请好友来赚钱。几乎每一处设计都在提醒用户：赶紧邀请好友一起赚钱。

除了以运动为主题的赚钱小程序，还有以问答为主题的赚钱小程序。例如曾经一度刷屏的"HOW 好好"小程序，就是一个问答类小程序，用户可以通过提问、回答、邀请好友等行为赚取金币，1 个金币等于 1 分钱人民币，每次最多可提现 5 元。就是这样简单的赚钱方式，让笔者和身边的朋友都加入了赚钱大军，在多个微信群及朋友圈分享这个小程序。据说有大学生借此把一个月的伙食费挣了出来，而笔者就没那么幸运了，赚的钱只够买一瓶水。

代理机制是小程序通过利益化增长的另一种途径。如曾经持续刷屏多日的"面相研究院"小程序，其主打人工智能测面相，充分利用人们对面相这种古老卦术的好奇心火了一把，火到小程序多次被禁，H5 换了不知多少地址。

"面相研究院"小程序的玩法其实很简单，用户只要上传自己的正面照，就可以得到面相测试报告，报告里不仅会对面相进行解读，还有对事业运和感情运的详解，不过需要用户额外花钱。这其实是一种产品个性化的衍生玩法，因为其生成的海报体现的是专属于用户的面相分数，如果面相得分高，用户肯定愿意分享。

此外，"面相研究院"小程序还在其一处较深的入口内放置了推广渠道招募信息，意在招募一些用户来推广它的产品，而用户一旦成为其推广者，就可获得经他推广得到的全部收益，层级不限，上不封顶。即假如你将其推广给 1 个用户，而经你推广的用户又带来 10 个用户，那么你可以获得 11 个人的收益，而后面这些用户如果继续推广，你的收益还将继续增加。

这个裂变方式被称为无限裂变。有无限裂变吸引着人们为其传播，加上本身产品的传播性也很强，"面相研究院"小程序在很长一段时间内没有离开过人们的视线。

可见，以利益化的产品设计促进小程序传播，是一种绝佳的增长策略。但是，产品有利可图不代表产品就有价值，从长远来看，价值才是产品持续增长的关键，无论这种产品的形态是不是小程序。

小程序的裂变玩法

相关数据显示，有超过 23%的用户都是通过他人的分享接触了小程序，实际数字可能会更高，可见裂变对于小程序增长的重要性。

➢ 引导分享

小程序最基础的裂变玩法之一是引导分享，基本逻辑是引导用户分享小程序到微信群，分享成功后用户能得到相应的标的物。

与微信群和公众号不同，小程序可以自动检测用户是否分享了小程序到微信群，以及分享到了几个微信群。基于此，营运人员便无须付出额外的精力进行审核，能大大节省运营成本。

通过引导分享进行裂变的小程序有很多，例如很多解锁类的游戏小程序，用户一旦闯关失败就需要分享小程序到群才能继续游戏；再如某些教育类公众号利用小程序展开送书活动，用户点开后也需要分享相关内容到 1～3 个微信群才能填写收书地址。

然而，由于微信的规则限制和出于对用户体验的考虑，目前已经很少有小程序使用这种玩法。

➢ 点赞/砍价/集卡

此类玩法主要基于众筹逻辑展开，与其他用户载体基本相同，都需要用户邀请一定人数并完成某一固定动作才能被认定完成裂变任务。

　　基于小程序的最常规的众筹玩法是点赞。例如，"蜗牛小灯塔"小程序是一个知识社区形式的产品，其中每一个知识社区都可以用"集Call"的方式免费获取报名资格。用户按要求将产品分享给好友，好友点击小程序后，系统就会判定助力成功，页面也将显示助力者的头像。再如"去哪儿旅行"小程序设计的"撒币大作战"，需要参与的用户邀请好友为自己进行点赞，达成基本的点赞数后，用户就可以减免部分预订酒店的费用，这为"去哪儿旅行"小程序带来了很多新用户。

　　另一类小程序众筹玩法是砍价、集卡、拆红包等，其基本逻辑也是邀请好友，不过完成的是类似于抽奖的动作。例如砍价是帮好友抽取优惠的价格，集卡是帮好友抽取有具体内容的卡片，拆红包则帮好友抽取不同额度和形式的奖励。

　　砍价类玩法的典型代表是抢票小程序。用户用携程预订假期火车票后，为了能快速买到票，会把抢票页面分享到微信请好友助力加速，好友点击后会显示"已帮好友加速 $x\%$"的字样，相当于把砍价的额度替换成加速比例。

　　集卡类玩法可以参考"微信读书"小程序的"翻一翻"。每周一期，每一期推出黑卡和金卡两种玩法，黑卡可以直接连抽两次，每次能获得一本电子书，如果想要继续抽取则需要邀请好友。金卡也是如此，前提是在抽完全部黑卡后，再次邀请好友参与抽卡。

　　拆红包类玩法可以参考"连咖啡"小程序的"咖啡红包"。具体玩法是用户有四次拆红包机会，自己能拆一次，其他三次则需要邀请三个好友完成，全部拆完后可获得可用于兑换咖啡的虚拟物，如"成长咖啡""优惠券""人设卡"等。

> ➤ **拼团**

小程序拼团是一种体验相对较好的裂变玩法，用户开团并分享链接，好友与之成团便能共享产品优惠。这种玩法尤其适合微信群的环境，可显著提升小程序的获客效率。

以"群接龙"小程序为例。"群接龙"小程序通过连接各个群主，帮助他们发起团购活动、运营微信群并提升销量，在短时间内获取了超过 340 万用户。

此外，拼团也适用于在线教育的体验课的推广，可以做到拉新、转化两不误，典型案例是"核桃编程"小程序的"9.9 元体验课"。

再来看"连咖啡"小程序的拼团玩法，一共有三种。

第一种是"1 元拼团"，具体形式是"老带新"，即老用户开团并邀请新用户参团，之所以这样设计是因为老用户已经具备一定用户黏性，更愿意为产品进行口碑传播，其带来的用户精准度和留存率较高。

当然，要想真正实现通过老用户吸引新用户，就必须设置一些条件，对两者"区别对待"。例如连咖啡就规定老用户仅能开团，新用户可参团或开团，但参与其他新人福利活动的新用户则没有这些资格。

第二种是二人拼团，对用户类型没有限制，产品拼团价格较原价便宜三成，所售产品为五杯金奖咖啡的套装。

第三种是组队抽奖，即团长以拼团的形式邀请好友组队，每邀请到一个人就能增加一定"幸运值"，满八人就可以参加抽奖，奖品则是不同杯数的咖啡。

通过拼团裂变，连咖啡很好地区分了新、老用户及轻度、重度咖啡消费者，借此既能获取精准用户，又能适当提高复购率，可谓一举两得。

➢ 社交立减金

社交立减金是小程序的特色裂变玩法，基本逻辑是当用户使用小程序完成支付等行为后，小程序会赠送用户一个可分享的优惠福利，用户将其分享给好友，对方就可以直接领用，平台以此实现新用户的获取。

例如，用户在"蘑菇街"小程序中使用微信支付后，会得到几份立减金，分享给好友后，好友就可以使用立减金进行消费。再如"摩拜单车"小程序，用户在使用小程序扫码骑车结束后，会收到获得立减金的模板消息，用户点击并跳转到小程序领取后即可分享给好友，且立减金可以累积使用。

与社交立减金类似的还有"连咖啡"小程序的"咖啡福袋"。用户下单后会收到连咖啡赠送的专属福袋，可以分享给好友，好友点开后会看到红包形式的设计，里面有咖啡券、随机点数的咖啡和免费咖啡等。

➤ 社交比拼

小程序传播的四个动因之一是产品的竞争化设计，其最典型的裂变玩法就是通过将排行榜分享给好友或群聊实现拉新。

例如游戏小程序"跳一跳"，除了基本的趣味性，排行榜的设置也是推动其裂变的主要原因之一。再如游戏小程序"星途 WeGoing"，用户只需要将其转发到群，其他人就能看到群内玩家们的排名情况，即依旧是通过竞争化的设计刺激老用户和新用户点击小程序参与游戏，从而实现小程序的拉新和群的活跃。

➤ 群体打卡

打卡是较为有效的小程序拉新手段之一，有很多小程序是专门用来打卡的，如"小打卡""知识圈""鲸打卡"等，常用于教育类社群运营，供用户练习和老师监督使用。

打卡活动的本质是高频次地引导用户分享产品或邀请好友使用产品，基本是每天分享一次，另外还会设置打卡次数排行榜，以刺激更高频率的用户分享，从而吸引新用户。

"Keep 打卡助手"小程序是针对健身人群设计的，里面有一些如跑步打卡群的兴趣类群组，参与相关群组的用户可以进行群组分享打卡。如果某个新用户有好友在这个群组里，他就有概率被吸引，从而点开小程序，甚至还会组团冲击排行榜，号召更多新用户加入。

> ➢ **个性传播**

通过个性化设计满足用户对自我形象的想象，能有效促使其主动参与裂变。例如有一些小程序会让用户自己搭配服装、生成照片、画肖像画等，说到这里就不得不提连咖啡的小程序"口袋咖啡馆"。

"口袋咖啡馆"小程序有这样几个特点。

● 操作成本低。用户点击"连咖啡"小程序的"咖啡馆"入口就可以跳转到专门的"口袋咖啡馆"小程序，实现一键开店。

● 创意十足。线上开店满足了用户好奇心，装饰店铺满足了用户的个性化需求。

● 竞争化设计。经过精心装饰的店铺很容易引发用户的对比心理，促使用户主动传播。

● 趣味性强。设计了以领"金豆"为主的分享、集赞、签到等游戏任务，还有"开宝箱""金豆商城"等兑换机制，极大地增加了娱乐性，更容易激活用户。

● 设有排行榜。设有以网红指数为主的各类排行榜，还有"今日推荐""附近的馆"等多个选项，让用户通过相互交流满足社交需求。

● 利用明星效应。在"口袋咖啡馆"成立初期，有很多明星在上面开店，吸引了大批用户参与，积攒了非常高的人气。

可以看出，"口袋咖啡馆"非常符合社交裂变的特征，满足了很多裂变所需的传播动因，但本质上还是以个性化的产品设计为主，以其他增长动因为辅。

> ➤ **积分任务**

这是一种以游戏化和利益化设计为传播动因的小程序增长玩法，将用户行为如签到、分享等设置成任务，完成后即可获得积分，积分可以兑换奖品或提现，由此实现用户拉新和激活。前面提到的如"运动赚""HOW 好好"等小程序就是以这个玩法为主要拉新手段，但更多突出的是利益性，娱乐性相对较弱。而大多数游戏小程序在使用这种玩法时，都会在任务趣味性和奖励丰富度上下更多功夫。

> ➤ **分销获客**

在以利益化设计为驱动力的拉新玩法中，分销绝对算是非常有效的一种，且兼具了拉新和转化功能，常用于电商类或付费功能成熟的小程序。

分销的逻辑无须赘述，而小程序与分销结合可以把拉新和转化的效果发挥到极致。主要原因就是小程序的分享体验是目前微信中最好的，通过少数几个爆款商品就可以把小程序店铺的获客量与销售量提上去。

我们在前面介绍的"口袋咖啡馆"小程序中就包含了分销机制，即用户每售出一杯咖啡便可得到相应的奖励基金，基金可在"好友咖啡馆"中消费使用，这样的分销机制搭配小程序的易传播性，大大激发了用户的分享热情。

> **裂变红包**

砍价、助力、拼团、分销等玩法都会被用于红包发放，其基本逻辑就是借助红包封面和玩法规则，引导用户点击红包，从而实现获客。

不过，有一类红包玩法借助的却是社交力量。

例如语音红包玩法，就是用户提前利用小程序录制一段语音口令，分享给好友后对方成功猜出口令即可领取红包。再如"礼物说"的礼物红包玩法，用户只需提前买好商品，再将其设置为礼物红包的形式赠予好友即可，这种玩法很适合借助节日热点进行产品传播。

微信搜索

微信搜索带来的流量一直被很多人所低估，用户通过主动搜索获取信息的需求其实一直都在，并且非常强烈。据统计，通过主动搜索获取小程序的用户比例达 20%，仅次于通过好友分享获取的用户比例。

既然如此，小程序如何才能被有效地搜索到？

首先，小程序在微信中的搜索权重是很高的，直接下拉微信页面就会出现小程序的页面，用户可以在此进行搜索查询，也可以直接在微信搜索框输入一些关键词，搜索结果中会优先出现小程序搜索项。

其次，是要给小程序起一个好名字。在小程序刚起步时，好的名字为很多小程序带来了流量红利。如今，有很多小程序出于各种原因，要么被封，要么下线，这为很多后来的小程序提供了"逆袭"的机会。

在起名字时，我们可以通过微信指数查看哪些词的热度比较高，然后快速地将其占据，然后将其与业务相关的关键词搭配起来给小程序命名。此外，不要轻易使用谐音命名，原则上要让用户能快速了解小程序的属性，避免不必要的流量损失。

公众号推广

小程序获取流量的第三大方式就是通过公众号进行推广，获客比例可达 10%～20%，引流效果非常可观，可作为小程序获客的标准手段。

用公众号推广小程序的核心逻辑，是将小程序的工具性和服务性做到极致，从而切入与大多数公众号可以匹配的场景，然后通过关联多个公众号实现用户的获取，典型案例是"知识星球"小程序。

"知识星球"小程序是一个知识付费和粉丝运营工具，"星主"和成员可以通过在里面输出各种内容，吸引粉丝消费。"知识星球"小程序能同时满足我们变现和留存的需要，与公众号运营粉丝的需求非常契合，所以绝大多数公众号都开通并关联了"知识星球"小程序，反之，这也成了"知识星球"小程序的核心流量来源。

运营者可以将"知识星球"小程序放入公众号的被动回复、关键词和菜单栏里，还可以将其插入到图文中，无论是直接插入还是插入小程序码，用户在阅读文章时都可以通过点击或扫码进入，从而完成获客，实现转化。

小程序矩阵

很多创业团队都会运营若干个小程序，并凭借小程序的相互导流，形成一个矩阵，从而实现流量最大化。

小程序矩阵有这样几个好处。

- 能满足用户多种需求，可与用户进行多点接触。

- 能通过多个小程序为用户提供更完善且关联性强的服务。

- 能通过不同领域的相互关联实现业务拓展。

- 能分摊因为意外造成的风险，避免因"全军覆没"导致业务受损。

- 有利于提升品牌影响力，能通过提供多样的小程序服务打造品牌知名度。

"抽奖助手"小程序内部就关联了很多其他小程序的入口，用户在抽奖的时候可以选择进入这些小程序，从而为其他小程序导流。类似的还有"群文档助手"小程序，这是一个提供文件储存服务的工具小程序，用户可在其拓展功能中看到"报告查一查""文档管理助手"

"方案查一查"等可以满足相关服务需求的小程序，从而形成相对完善的小程序矩阵。

线下渠道

线下渠道是小程序最基础的流量来源之一，基本逻辑是在线下的某个固定位置投放小程序二维码或文字指引（主要是二维码），当用户需要使用某个功能时，可以直接扫码或搜索，然后跳转到相应的小程序使用服务。

例如，很多餐厅会在的桌子的角落放置二维码，用户在点单时只需扫码进入小程序即可。"美团"小程序就利用这一方式获取线下的用户，当然，前提是该餐厅入驻了美团。再如"摩拜单车"小程序，它是提供共享单车服务的小程序，用户需要扫码打开"摩拜单车"小程序才能开锁骑车，这也是典型的利用线下渠道获客的模式。

小程序广告

除了以上的免费获客方式，"花钱买量"也是小程序的常用获客手段之一，但并非主要手段，除非你的商业模式或产品服务大部分都依托于小程序。

和任何可以投放广告的产品一样，小程序的广告可以投放到微信中的任意渠道。

公众号渠道自不必说，除了可以投放单纯的小程序产品，例如"礼物说"小程序就曾在某个主动注销的大号上投放广告，成为第一个在该公众号投放广告的小程序；还可以投放某些具体的产品，例如我们在购买一些图书时就可以使用"当当商城"小程序下单。

朋友圈也是小程序投放广告的主要渠道，因为用户在刷朋友圈时都会被其中的文案、图片、视频等所吸引。从 2019 年暑期开始，有很多在线教育公司陆续在朋友圈投放小程序广告，而个别广告因为文案具有话题性，且推送频繁，被很多用户点赞和评论，场景颇为壮观。

此外，小程序内部也设有广告位，其以横幅形式存在，常位于页面底部，同时还有视频广告，用户只要点击观看就能获得奖励，这些都能用来推广小程序。例如，"公共抽奖"小程序的页面底部就有横幅位，用户点击就能跳转到其他小程序，让后者实现获客。

小程序的用户运营与留存策略

任何产品除了拉新属性，更应该具有留存属性。遗憾的是，小程序天生就不具备留存属性，因为它的用户是用完即走的，于是就存在用户离开后不再回来的风险。就笔者使用小程序的习惯而言，几乎很少会经常性地主动搜索某一个小程序，只有看到某个小程序时才会进行点击。

所以，想要提升小程序的留存率，就必须借助外部的力量和手段。接下来我们就介绍几种能有效提升小程序留存率的运营策略。

小程序的用户运营

小程序留存率低的一个重要原因就是对用户的运营力度不够。大的用户运营概念就是留量池的运营，即从拉新到留存再到变现。而对于小程序来说，用户运营仅指利用数据对用户进行分层，然后制订相应的留存和激活策略。

小程序本身具有很强的数据统计功能，运营者在后台能看到很多与用户行为有关的数据，通过分析这些数据，可以将用户进行分类，然后分别给予不同的运营手段。

具体可以先分析小程序已获取的用户数据，例如，从年龄、性别、地区、手机型号等基本信息维度判定用户的大概分布和基本类型；从打开频次、停留时长、互动次数、浏览次数、分享次数等维度总结用户行为；从内容、价格、时间节点的选择等维度摸清用户的兴趣偏好。

在此基础上，以短期（一周内）、中期（7~30天）、长期（长达几个月）三个维度绘制不同的留存曲线，并在将用户分层后继续绘制不同层级的留存曲线，然后再据此制订各种能提升用户留存率和增强用户活跃度的具体策略。

针对不同的留存期限，有不同的运营策略可以使用。

● 短期留存：找到小程序的亮点，并在后续版本中将其凸显出来；借鉴热点内容，吸引用户消费；持续降低小程序的使用门槛。

● 中期留存：在小程序中加入互动功能，改善用户体验；大量收集用户反馈，分阶段分析用户兴趣状况，寻找下一步优化方向。

● 长期留存：构建用户成长体系，设计竞争机制；主动制造大型热点，唤醒大多数沉默用户；进行个性化推荐。

小程序的激活玩法

对于小程序来说，只要提高用户的行为频率，就可以提升留存率，而要想提高用户的行为频率，就要用到激活玩法。

➢ 活动任务体系

最基本的玩法就是采用"每日任务"的形式让用户参与活动，例如签到送"金币"、打卡送积分、当日下单送优惠券等，其基本逻辑就是以福利来激励用户完成特定行为，通过培养用户习惯来提升用户活跃度和留存率。

例如"运动赚"小程序和"HOW 好好"小程序，就是利用金币任务系统刺激用户每天打开小程序完成和关键行为有关的任务（记录运动步数和回答问题），以利益化的设计驱动裂变拉新。

> ➢ **用户成长体系**

如果说活动任务体系是实现留存的基本玩法，那用户成长体系就是它的升级版，因为它的目的不单是以福利为诱饵来培养用户习惯，更是要给用户带来成长的体验，让用户获得真实的成就感。

用户成长体系的基本玩法有两种，一种是用户等级的提升和荣誉的获取，例如，"微信读书"小程序就提供了一种玩法叫作"一答到底"，用户需要通过持续答题来获得"书童""秀才"等称号，答得越多得到的称号越厉害，以此给用户带来一种自己在持续进步的感觉。

另一种是饲养虚拟的生物，可以是动物，也可以是植物。用户每天通过完成任务获得相应的饲料或养料，这些饲料或养料可以提高虚拟生物的等级和成长速度，随着虚拟生物一点点长大，用户会投入越来越多的精力，并获得成就感。"拼多多"小程序的"多多果园"，就是采用成长体系来激活用户，此外还有"多多矿场"和"富豪超市"这两个游戏化的用户成长体系一起为提升"拼多多"小程序的 DAU 助力。

小程序与公众号结合

小程序依附于公众号，既能保证流量的获取，也能保证用户打开小程序的概率，实现的途径是通过公众号推送搭载小程序服务功能的消息给用户。

以打卡小程序为例，笔者曾经用打卡小程序运营过一个日签（每日提供一个海报，供签到用户分享使用）产品，简单来说就是运营者每天上传一个日签海报和解读音频，用户只要参与报名，就可以收到公众号推送的提醒打卡的模板消息，运营者通过这样的方式能有效激活用户，提升留存率。

此外，还可以在公众号推送的文章里插入小程序。例如，某教育类公众号每周都会推出免费课程，报名方式为通过小程序预约，这样既实现了转化的目的，也对留存起到了作用。所以，将小程序与公众号服务深度捆绑，是提升留存率的绝佳策略之一。

建立小程序服务群

从某种角度来说，小程序是我们服务用户的工具，如果一个小程序能集中服务于某一群体，必定会获得长期且稳定的留存用户。所以，围绕小程序搭建一个社群运营休系，是解决小程序用广留存的另一种有效手段。

"群接龙"小程序是一个微信群拼团工具，应用场景为群主开团售卖产品，并带动群内其他成员使用该小程序参团购买，开团的微信群越多，使用该小程序的人就越多。

再以教育类社群为例，目前很多教育社群都采用打卡的方式维持群内活跃度。例如"21 天古诗词打卡训练"群，使用的打卡工具就是小程序。其运营逻辑和公众号的"提醒打卡"一致，只不过需要以人工的方式在群内进行提醒，同时结合相应的激励机制，引导群成员将小程序发到群内，吸引其他群成员点击小程序完成打卡。

实际上，小程序能借助公众号、微信群提升留存率，也是因为小程序可以为这两个留量池导流。典型案例如小程序会引导用户回复客服特定的关键词，从而在客服消息中弹出文字、二维码、图文链接等，以此让用户关注公众号或进入微信群。

四大类小程序的主要变现模式

一个平台值不值得被深度投入，主要看它具不具备变现的能力。小程序虽然是以产品形态存在，但它"栖息"于微信生态圈，而在微信生态圈中，每天都活跃着过亿的用户，所以小程序几乎与平台无异。当然，小程序本身对变现也非常重视，微信官方给小程序开发者提供了很多的奖励扶持，这为小程序的发展提供了助力。

笔者总结了电商、游戏、内容和工具四大类小程序的变现模式，以挖掘小程序变现的底层逻辑。

电商类小程序变现模式

电商类小程序的变现模式非常简单，只有两个字，卖货。所以在探讨这类小程序的变现模式时，需要关注的点无非有两个：选品和转化。电商是一个庞大的领域，不同品类的产品销售情况不尽相同，且产品分类和搭配的比例也存在各自的规律。至于转化策略，一般则是以价格为核心进行设计的，促销折扣、福利活动、积分体系、内容营销等都是常见的转化手段。

以母婴自媒体小小包麻麻的电商小程序"包妈商城"为例，有20%的用户是通过公众号渠道在小程序下单，这部分订单就是小程序进行内容营销的结果，其他的80%用户的订单则是来自外部渠道。其通过积分体系、拼团、红包等玩法，搭建了一个拉新与转化功能兼具的裂变营销体系。

游戏小程序变现模式

游戏类小程序的变现模式是自成体系的，核心玩法主要为售卖虚拟道具、购买皮肤、游戏币充值等。例如，笔者在打"欢乐斗地主"的时候，虽然可以通过邀请好友、签到、参与活动、参与抽奖、"浇水"等方式免费获得"欢乐豆"和道具，但若消耗过多就需要进行充值和购买。

此外，游戏小程序的流量非常大，甚至可以和电商小程序并驾齐驱，所以在自己的小程序里投放其他游戏的广告是另一个主要的变现玩法，该玩法有 CPA 和 CPS 两种分成方式，前者适用于小游戏，后者适用于中型或大型游戏。广告的形式主要以短视频和横幅为主，如"欢乐斗地主"小游戏就设有免费抽奖入口，玩家如果想持续抽奖，就需要通过观看视频广告获取更多抽奖资格。

内容小程序变现模式

内容类小程序指的是将文章、图片、音频、视频、直播等内容形式的作品进行聚合展示的小程序，围绕这一小程序类型的变现模式主要有"打赏"、电商和知识付费。

例如图文小程序"美篇"，其主要变现模式就是"打赏"和电商。"美篇"的核心功能是让用户制作并发布图文作品，其他人阅读后可以对作者进行"打赏"。与此同时，美篇会给另一个小程序"美篇印品"导流，"美篇印品"小程序的主要功能是售卖图书、照片、画册等商品，优惠券是其主要转化手段。

再如自媒体十点读书，其旗下有"十点课堂""十点好物""十点书店"等小程序组成的小程序矩阵，其中，"十点课堂"是以音频和视频内容为主的内容类小程序，它采用知识付费的模式即通过售卖课程赚取收益。

工具小程序变现模式

工具类小程序的变现模式相对单一，即以广告为主。例如我们提到过的"抽奖助手"小程序，它就设有专门的横幅位用于接受广告投放，并通过 CPA/CPS 模式赚取分成。

此外，工具类小程序还可以通过功能付费、电商、企业定制等方式完成变现。以"抽奖助手"小程序为例，其提供了基础版抽奖、高级版抽奖、首页推广、现场抽奖等功能服务，高级版抽奖功能需要用户付费才能获取。与此同时，其还设有专门的电商入口"心愿商城"，将电商作为另一个变现渠道。

再来看打卡小程序"鲸打卡"，它的核心变现模式是给教育和知识付费领域的企业配置定制化的小程序，其中提供打卡、拼团、秒杀、题库、优惠券、训练营等一系列教学和营销服务。目前，有很多工具类小程序都尝试在企业端进行变现，其未来有可能成为小程序的主流变现模式。

⟳ 留量池小黑板

✓ 小程序的特点是无须安装卸载、触手可及和用完即走，而对于小程序的设计，要尽量遵循符合微信生态和用户场景的原则。

✓ 小程序的获客渠道很丰富，线上渠道是绝对主力，裂变、微信搜索、公众号、微信群等是其必备推广方式，而基于线下场景的拉新模式也不容小觑。

✓ 小程序天生留存性弱，可以通过用户运营、日常活动、成长体系、关联公众号、搭配微信群等策略来弥补。

✓ 不同类型小程序的变现模式不同，内容类小程序适用于知识付费，游戏类小程序适用于虚拟服务，但小程序最基本的变现模式还是广告和电商，具体如何选择，要依小程序的具体情况而定。

第六章

用 App 搭建属于自己的留量池

笔者常常在思考一个问题：移动互联网是如何诞生的？

带着这个疑惑，笔者看了很多书籍，听了很多业界大咖的演讲，读了很多商业分析文章，学了很多运营类的课程，心中终于有了些许答案。

移动互联网之所以能够诞生，离不开三个前提：智能手机的诞生和普及，4G 网络的推出和资费降低，以及 App 形态产品的应用和创新。

自苹果推出 iPhone 4 之后，手机行业开始被颠覆，诺基亚等传统手机巨头逐渐被淘汰，小米、华为、OPPO 等中国手机厂商陆续崛起，为移动时代的到来奠定了硬件基础。而 4G 网络的诞生和流量资费的降低，也让老百姓对用手机上网不再顾虑重重。

而最重要的一步，当属 App 的推出，它让智能手机成为新的流量入口，也让一切服务变得触手可及，让人们彻底从 PC（Personal Computer，个人计算机）时代进入移动时代。如今，我们用支付宝和微信就可以完成支付，各种打车、外卖、电商 App 就能满足我们的大部分生活需要，且使用起来十分方便快捷。

所以，智能手机和 4G 网络的普及是移动互联网诞生的前提，而 App 形态产品的推出则给了创业者在移动互联网时代为用户提供价值的机会。

然而，在微信和抖音等平台崛起的这段时间里，流量逐渐开始集中在少数 App 中，导致很多企业认为无须再建立自己的 App。这样的观点既有道理，也有风险，因为没有自己的 App，用户便不会真正留在你手里。

从本质上来说，就连微信群和个人号这种看起来私域性很强的流量储存形态，其中的用户也都属于微信，而非属于你，除非你把用户绑定到不通过微信也能实现触达的平台上，这显然只有 App 能做到。可以说，App 才是属于企业自己的留量池。

所以，怎样运营好一个 App 产品及如何保证一个 App 产品的拉新、促活、留存和变现，将是本章要解答的问题。

App 拉新：两种经典增长方式

App 形态的产品是移动互联网商业模式的核心，它多依靠流量生

意实现产品增长，所以想要做好 App，持续获取流量是前提，这也是
App 进行留量池运营的基础。

就目前而言，App 的增长模式主要有两种，一种是外部拉新的模
式，即花钱在各大渠道购买流量，获取的流量类型属于采购型；另一
种是内部拉新的模式，即通过社交传播渠道获取用户，获取的流量类
型属于分散型。

笔者将这两种流量类型所对应的获取方式分别称为渠道购买和
社交裂变。

渠道购买

渠道购买的含义不言自明，就是企业通过各种渠道购买流量，就
像在超市买日用品一样，企业就是"买日用品的人"，流量就是"日
用品"，"超市"就是企业要寻找的渠道，"日用品"的价格和支付
方式就是具体的购买形式。所以，渠道购买的核心有两个，第一个是
App 流量购买的常规渠道，第二个是不同渠道结算 App 流量的方式。

➢ App 流量购买的常规渠道

App 的流量获取渠道比公众号、微信群、小程序等留量池要丰富
得多，并且有些渠道是非常独特的。

App 流量购买的第一个渠道也是最主要的渠道是应用商店。应用
商店的出现减轻了创业者和开发者对于寻找流量渠道的压力，提高了

他们创造好产品的积极性。

目前应用商店主要有三种，第一种是苹果的 App Store，只适用于苹果系统；第二种是安卓应用商店，大部分安卓系统手机厂商都拥有专属的应用商店；第三种是第三方商店和运营商商店。除了 App Store，小米应用商店、华为应用商店等都是厂商商店，豌豆荚、应用宝等是第三方商店，电信天翼则是运营商商店。

用户根据使用习惯在应用商店搜索 App 并下载，这样的流量增长方式属于自然增长。自然增长很难满足一个 App 流量需求，除非你的 App 是革命性的产品，否则很难出现自然爆发的情况。这时我们就要用到应用商店的推广优化技巧，即 ASO（App store Optimization，应用商店优化）。

ASO 类似于 SEO（Search Engine Optimization，搜索引擎优化），也是依据应用商店的搜索规则和排名规则，通过对 App 的名字和介绍等进行关键词方面的优化，使 App 出现在搜索结果和排行榜的前列，让用户更容易看到并下载。

笔者总结了 ASO 的一些小技巧。

- **App 名称和副标题**：基本结构为"名称+特色功能说明"，副标题不要超过十个字，否则不易通过审核，还可能会因为显示不全而影响下载量。

- **关键词标签**：尽量采用热门的关键词，因为关键词权重越大越易于被搜索；多个关键词间要用逗号隔开，以提升权重。

- **用户评论**：添加高质量评论并予以优化。

- **"打量"策略**：优先使用行业词，其次使用竞品词，最后使用长尾词兜底。

App 流量购买的第二个渠道是流量平台的广告位，如开屏广告和信息流广告。

开屏广告指用户打开 App 后最先呈现的几秒钟的广告，是 App 重要的变现手段，DAU 越高的 App，开屏广告的投放效果越好。信息流广告被称为原生广告，是非常重要的广告形式，可以在新闻资讯、问答社区、短视频等平台进行投放，如今日头条、腾讯新闻、知乎、小红书、抖音等。信息流广告吸引用户下载 App 的原理，是将广告插入到正常的信息流当中，借助吸睛的标题、图片、视频等吸引用户点击和下载。

而应用商店的广告位虽然属于应用商店的内部流量渠道，但依然可以归类于此，因为它推广 App 的逻辑和开屏广告、信息流广告是一致的。应用商店里有很多广告位，如首页、推荐、排行、必备、热门、专题等，整体可分为首页、排行榜、激励位置三种。其中，首页广告位的曝光量最多，流量质量最高，但成本昂贵；排行榜的广告位对应的群体比较垂直，流量精准，但曝光量有限；激励位置的广告位也是流量很多的地方，但流量质量却比前两者差得多。

App 流量购买的第三个渠道是厂商预装，多数智能手机厂商会在手机出厂时预先安装自家的 App，而第三方开发的 App 要想获得这个待遇，就要与手机厂商进行谈判。其实，多数手机厂商愿意预装第三方 App，因为目前智能手机行业发展触顶，利润越来越微薄，厂商急需通过其他收入来弥补资金空缺。不过，因为同类产品竞争激烈，所以预装 App 的价格非常高，我们对于这一流量购买渠道还需谨慎评估。

App 流量购买的第四种渠道是网盟，即 App 广告推广联盟。具体就是把 App 的广告投放到其他相对较小的渠道，通过多边布局取胜，并按照下载量、注册量、付费量等数据进行结算。

网盟最大的问题就是流量不精准，例如，渠道方可以通过发布福利活动吸引一部分有"薅羊毛"心理的用户下载 App，但其中显然有大量的非目标用户。

App 流量购买的第五个渠道是手机浏览器和 WAP（Wireless Application Protocol，无线应用通信协议）流量。

手机浏览器虽然不再是移动互联网时代流量的主要入口，但其影响力依旧不容忽视，有很多手机浏览器 App 的 MAU 是过亿的，如 QQ 浏览器和 UC 浏览器。浏览器推广 App 的形式相对丰富，有搜索、分类、信息流等形式。

而当我们用手机浏览器搜索网页时，一些网页下方会有广告，用户点击广告即可下载 App，这样的流量就是 WAP 流量。此类广告吸引用户点击下载 App 的关键是广告界面的细节和样式，如图形、配色、文案等。

还有一种 WAP 流量多来自界面可以兼容手机浏览器的网页广告，

被称为有效型 WAP 流量，常见于小说、动漫、图片和新闻资讯网站，这种网站给用户带来的使用体验相对较好，所以 App 下载率也相对较高。

通过对比以上五个 App 的流量购买渠道可以发现，应用商店是最佳选择，其次是流量平台的广告位，手机浏览器和 WAP 流量可以尝试，网盟和厂商预装则需要谨慎对待。

> ### App 流量购买的付费方式

第一个 App 流量购买的付费方式是 CPD（Cost Per Download，按照 App 的下载量进行计费）。最常使用 CPD 付费方式的渠道是应用商店。应用商店的搜索广告位利用 ASO 技巧优化关键词来提升 App 曝光率，从而吸引用户下载，品牌影响力不强的 App 尤其适合利用该方式实现低成本的下载量的增长。

第二个 App 流量购买的付费方式是 CPT（Cost Per Time，按照 App 广告展现的时间进行计费）。即不管这个时间段内有多少下载量，其价格都是固定的。CPT 是一个成本相对较高的投放方式，因为它对品牌的要求很高，常见应用商店的竞价 App 广告位。

第三个 App 流量购买的付费方式是 CPM（Cost Per Mille，按照每一千人次的 App 广告展现进行计费）。即每当有一千人次的曝光，就要进行付费，总价格以千人次进行计算，与具体的 App 下载量无关。如需采用这一形式获取流量，需要仔细评估该渠道的行业水平和往期投放效果。CPM 模式常用于大流量平台的广告位，且常见于大型促销活动，目的是提前抢占流量，属于主流的推广形式。

第四个 App 流量购买的付费模式是 CPC（Cost Per Click，按照点击 App 广告的次数进行计费）。CPC 付费模式常见于信息流广告，匹配的用户转化模式是落地页，可以利用"流量漏斗"进行数据分析，从而优化 App 的获客效果。对于 CPC 来说，落地页的设计是重中之重，标题、文案、色调、背景等均需要结合数据进行优化。此外，是否采用直达模式也影响着 CPC 的推广效果，从成本的角度看，CPC 与直达模式相结合，能提高 App 下载后的激活率和留存率。

第五个 App 流量购买的付费模式是 CPA（Cost Per Action，按照实际的 App 激活效果进行计费）。采用 CPA 付费模式时，要看投放一方对于 App 激活效果的定义，如下载之后是否需要安装，安装之后是否需要打开，打开之后是否需要注册，注册之后是否需要消费等。一般采用 CPA 付费模式的渠道是厂商预装和网盟，而这两个渠道相比其他渠道效果较为不可控，风险较高，所以在选择 CPA 付费模式时需要谨慎。

第六个 App 流量购买的付费模式是 CPS（Cost Per Sales，按照 App 实际的销售量进行分成计费）。这一模式的关键点在于对销售的定义，即销售是指花钱下载 App，还是指下载 App 之后发生购买行为，在使用前需要做好界定。从 App 的类别来说，多数 App 都可以采用 CPS 的计费模式，而电商类 App 使用 CPS 的效果会更好，但难点在于要对统计数据进行计算，因为渠道方对于收益的计算很敏感，毫厘之差都会影响 App 后续在该渠道的投放。

这六种付费模式的主要特点和适用渠道，如表 6-1 所示。

表 6-1　App 流量购买的六种付费模式

付费模式	CPD	CPT	CPM	CPC	CPA	CPS
主要特点	弱品牌适用，成本低	强品牌适用，性价比低	难见效，主流推广模式	数据追踪，匹配落地页	激活定义模糊，有风险	数据追踪，按比例分成
适用渠道	应用商店	应用商店，流量平台	流量平台	信息流	厂商预装，网盟	全部渠道

社交裂变

虽然移动互联网的商业模式建立在持续获取流量的基础上，但并不代表流量就是万能的，任何渠道只要人一多，红利都会消失，流量就会变贵。按照购买型流量模式推动 App 增长的开发者或创业者，很容易陷入流量思维，而当 App 增长陷入瓶颈，分散型流量模式的作用就会凸显出来，留量池思维模式也应运而生。

接下来我们就具体介绍如何通过基于分散型流量模式的社交裂变方式实现 App 的低成本引流。App 裂变与公众号裂变、小程序裂变等在玩法上是基本一致的，所以我们重点从分享形式和邀请形式两个方面进行解读，并结合一些案例来拆解 App 裂变的用户路径。

> ➢　App 的分享形式

App 的裂变价值是由很多要素构成的，其中很基础的一个要素是连接用户的形式，即分享形式。App 的分享形式有很多，如果以分享到微信生态的形式分类，主要有文字、网页、图片和小程序四种。

文字分享形式主要存在于电商类 App，大多以口令的形式存在。用户从电商类 App 通过点击分享一个促销商品或一个红包活动时，会自动生成并复制一个文字口令，之后用户再打开微信，直接粘贴发送到好友对话框或朋友圈。

拼多多就是借助微信生态实现崛起的，但这并不意味着微信会纵容其过度通过裂变进行拉新。例如，拼多多在"双十一"期间大力推广的"天天领现金"活动就被微信进行了限制，于是拼多多采用文字分享的形式，并利用多种有趣的文案促进用户分享，以确保这一活动可以继续得到传播。

在此之前，网页链接分享是绝对的主流分享形式，其以 H5 落地页作为载体，其中标题是吸引用户的核心，标题越吸睛，打开率越高。当用户打开网页后，会看到与 App 展示页近似的信息，但不会显示全部信息，而是会通过"打开 App 查看全部"等字样引导用户点击，并使用第三方的深度链接技术实现 App 的直接下载，在优化了用户体验的同时，也缩短了转化路径。

图片是非常适合在微信环境中传播的素材，因为用户既可以保存图片并分享到朋友圈，也可以直接分享到微信群。例如知乎的"红包派对"，用户可以分享其海报到微信群，群成员通过海报扫码下载知乎就可以领取红包。当然，更重要的是要对海报进行视觉上的设计，对颜色、搭配、布局、文案等要素进行优化，以确保最大限度地吸引用户。

就图片内容而言，可以是纯文字内容，如微信读书 App 的用户就可以将书中的一段话以文字式图片的形式分享出去；也可以将商品照片、景物美图、文艺插画等与文字相结合，如人人都是产品经理 App 就常以文艺插画作为背景，搭配文章标题和二维码形成分享海报，以此让文章传播出去。

小程序分享形式是近几年诞生的，已经被越来越多的 App 所采用，如简书、微博、美团等 App 都支持小程序形式的内容分享界面。当用户分享 App 中的内容到微信群时，会呈现为小程序的形式，小程序使用便捷，符合微信用户的使用习惯，传播效果往往较好，并且能与公众号相关联。

不过，小程序可以容纳的功能与 App 相比要少得多，需要针对部分用户的特定需求和场景开发小程序功能。同时，用户在点击小程序时最好可以跳转到 App，以此完成小程序到 App 的回流引导，实现 App 的增长。

➢ App 的邀请形式

对于 App 的裂变来说，让用户分享出去只是第一步，成功邀请新用户才是第二步，只有被邀请者真正触达 App，App 的裂变才算彻底完成。

App 的用户邀请形式主要有两种，一种是基于邀请码，另一种是

212

基于邀请链接。

分享邀请码是 App 社交裂变的一个主要实现手段。当 App 引导用户主动分享邀请码给好友之后，好友往往会看到一串数字、一个链接、一张图片或一个网页，上面会显示具体的邀请码，对方按要求下载 App 并打开后，输入邀请码就可以进行注册，邀请码识别成功并完成注册，即算用户完成一次邀请。使用邀请码的 App 很多，尤其是发展初期的 App，因为很重视用户体验和用户质量，所以会设置较高的门槛，只给核心用户发送对外的邀请码。

当用户规模逐渐增大并需要快速扩张的时候，就需要通过"老带新"增加流量。邀请码是常用手段之一，如果平台对第三方 App 的传播限制比较严格，可通过改变邀请码的具体形式，如改用文字口令、海报图片等形式，以保证邀请进程不被打断。例如，今日头条极速版的拉新活动就以邀请码作为介质，用户点击分享链接会看到邀请码和下载提示，文字颜色采用了极易激发参与欲望的红色，并搭配动态的倒计时钟图标制造紧迫感。成功利用邀请码邀请好友的用户，会根据被邀请好友完成的具体任务获得奖励。

分享邀请链接是另一种能保证 App 成功获取用户的分享形式，其与分享邀请码相比，流程更简单，转化也更直接，缺点是容易被平台"封杀"。以下是基本的操作流程：

- 用户经过 App 提醒主动分享邀请链接至其他平台；

- 新用户打开链接后填写信息手机号和邮箱等信息，完成注册；

- 注册成功后引导新用户下载 App 并登录账号；

- 系统识别成功后为老用户发放奖励。

滴滴 App 就通过双方都能得到 5 元现金的互惠方式激励老用户分享链接给新用户，新用户点击完成注册后，系统将其引导至 App 领取 5 元奖励，进而激活付费功能，而老用户只需在初始页面就可以看到具体的邀请情况。

此外，App 可以根据用户邀请人数、分享次数及被邀请者的激活程度等设置阶梯任务。前面我们所举案例基本都采用了阶梯式的邀请方案，说明这是一个普遍策略。同时，对邀请者和被邀请者都要给予激励，这也是提升裂变效果的重要方式。

不过，再好的策略也离不开具体的奖励方案。只有价值感强、实用性强，且能给用户带来惊喜的奖励方案，才能助力 App 实现裂变。接下来我们介绍 App 裂变常用的奖励方案。

> ➤ **App 裂变的奖励方案**

第一种奖励方案是实际价值奖励，如红包、金币、积分等能兑换成现金的奖励，这是最具诱惑力的奖励方案。在很多人看来，用户增长高于一切，这是很多 App 愿意采用实际价值奖励的原因。不过，此类奖励容易吸引到不精准的用户，有增加成本乃至亏损的风险，所以需要时刻关注风险控制，尽力做到及时止损。

第二类奖励方案是虚拟价值奖励，最典型如优惠券，虽然不能兑换成现金，但可以降低用户付费成本。很多内容类 App 擅用这一方式进行裂变拉新，如得到 App 的"老带新"奖励就是完成邀请后双方可得 20 元优惠券。

第三类奖励方案是产品价值奖励，即把实际产品作为邀请奖励。这样做的好处是既能让用户体验到真实的价值，也能让新用户实现更好的留存。奖励产品的类型根据 App 的类型来决定，例如，微信读书 App 就以"无限卡"的天数作为实际产品奖励。

第四类奖励方案是实体物品奖励，用户完成邀请就能拿到邮寄的实体奖品，该方案吸引力较强，但容易被部分习惯于"薅羊毛"的用户盯上，需要注意风险控制，可以通过在运营策略上设置门槛来降低风险。例如，猿辅导就曾要求只有购买了"49 元课"的用户才能参与邀请活动，被邀请者要同样购买"49 元课"才算邀请成功，邀请者才能获得实体奖品。

App 激活：找到价值点的三个方法

App 在实现拉新后，需要将获取到的新用户进行激活。所谓激活，就是引导新用户体验 App 的核心功能，可以从以下三个方面入手。

对渠道进行精细化分析

从不同渠道获取的用户可以被激活的程度是不一样的，所以对渠道的分析十分重要。

分析单一渠道的用户属性是渠道分析的第一步。具体需要分析这个渠道用户的年龄层、需求、兴趣爱好、活跃度、消费能力及转化率等情况。清楚了单一渠道的用户属性，才能制订基本的长期留存策略。

确认用于吸引新用户的活动或产品是渠道分析的第二步。新人红包是常规的激活新用户的产品，而红包的内容是否符合用户需要，是激活能否成功的关键，这就需要对单一渠道的用户进行分层，采用精细化的管理满足新用户需求。

优化产品使用流程

如果用于激活新用户的产品或活动是符合用户需求的，那么新用户参与活动或使用产品的体验就成了较为核心的问题。这就需要我们优化产品的使用流程，即凭借对数据的分析来实现流程的更新。拼多多对流程优化的管理就胜于大多数的互联网公司，其可能在白天推出一个活动，在下午或晚上就上线一个优化后的版本，通过这种持续和高频的优化，拼多多才有了那些效果绝佳的玩法。

而在常规的领红包活动中，我们也要注重细节对于用户体验的影响。例如，用户发给好友的文案必须直白，再如，领取红包激活 App 的流程必须流畅。

有的 App 在采用红包激活策略之后，会提醒用户使用红包下单，尤其对于拼多多这一类电商 App 来说，用户完成第一次下单非常重要，因为只有下了单的用户才能体会到产品的核心价值，所以有必要把引导下单的细节做到极致。而在美团 App 中，用户在领取红包后会看到优惠券弹窗，这时系统已经默认用户领取优惠券并为其存入账户，用户在关掉优惠券弹窗后会看到新人专享礼包，而下方则是优惠专区，意在驱使用户使用优惠券下单。

展示优质内容或产品

除了发红包等激励手段，优质内容和产品的展示也非常重要，尤其对于内容类和教育类 App，好的内容和课程是其新用户留存的关键。以某个家庭教育 App 为例，用户在未正式登录前可以看到一些文章、音频和课程，这些内容往往较为优质，目的是希望用户通过浏览、收听和观看这些内容，来决定是否选择注册、登录及继续消费。

再以知乎为例，用户打开知乎 App 后，首先看到的是知乎热榜，这里集合了知乎的很多优质内容。用户点击热榜中感兴趣的问题后会看到一些回答，然后可能会关注某个回答得不错的答主，也有可能会参与回答一些有趣的问题，但这都需要先进行注册和登录。

除了内容类 App，工具类 App 和电商类 App 也需要把优质内容展示给新用户。电商类 App 需要展示的是销量好、评价高及包装漂亮的商品，这样用户在浏览后才有注册的欲望，然后再搭配新人红包引导其下单，新用户留存的概率会大大增加。

App 留存：提升留存率的两种手段

在新用户下载、注册和使用核心功能之后，App 的激活就基本完成了，此后的主要目标就是提升新用户在未来一段时间内使用 App 的频次，使用频次越多，新用户长期留存的概率就越大，而长期留存的新用户越多，App 的基本盘即"新活跃用户+老活跃用户"就能得到真正的增长。所以，如何提升新用户的长期留存率是一个值得思考的关键问题，对此，笔者总结了如下两种手段。

高频召回

高频召回是一种简单实用且容易见效的留存率提升手段。它的基本逻辑是频繁发送提醒消息给用户，并利用提醒消息里展示的符合用户痛点或能提供超预期收益的产品、活动、内容等，吸引用户再次打开并使用 App。

常用的 App 召回方式有短信、客户端消息、邮件、公众号模板消息等，这里我们主要介绍一下短信和客户端消息的召回优化策略。

> **短信**

短信是 App 最常用的召回手段，尤其是在重大节日及年底的时候，大多数人的手机会被 App 的短信"轰炸"，这对没有及时删除无用短信的习惯的人来说，简直是一种折磨。当然，大多数人还是会无视这些消息，所以采用短信实现用户召回的概率非常低，但触达率很高。

提升短信召回效果的关键在于文案。首先，文案必须要精简，因为大部分用户不会花太多时间阅读；其次要前置利益点，即把关键信息浓缩在前面的字段，能显著提升召回效果。

> **客户端消息**

客户端消息是 App 的另一种常用召回手段，展示形式与短信类似，但又有所不同。用户点击客户端消息后会直接跳转到 App，不像短信需要先看内容再选择是否跳转。另外，客户端消息的最大特点是可以进行精细化推送，因为 App 拥有用户的数据，可以用技术手段对用户进行分层分析和标签管理，并通过用户在 App 的活跃程度与兴趣分布来设计召回消息并推送。

所以，提升客户端消息召回效果的关键点有三个。第一是 App 分析用户数据的能力，主要体现在用户的标签化管理，如果能把标签贴得足够精准，就会达到"千人千面"的推送效果。第二是 App 推送的内容，除了文案，推送的产品类型更是关键，福利活动和常规产品对用户的吸引程度是不一样的，就经验而言，福利活动的效果要远高于其他类型的产品。第三是 App 推送的时间，即需要结合用户的行为数据来设置推送时间，如天气类 App 肯定要选择在早上推送，因为多数用户习惯在早上出门前看天气，这时再配上福利活动，效果会比在其他时间推送好得多。

从某种程度上来说，短信和客户端消息的推送逻辑是一致的，都需要结合用户的行为数据和兴趣标签进行精细化的策略设计，这样才能起到事半功倍的效果。

任务激励体系

想要实现 App 用户的长期留存，就要构建高频、稳定的常规行为引导体系，这就是任务激励体系。具体来说，就是通过给用户设计一系列日常任务，并且让用户在做任务的时候有所收获，来让用户养成定期登录 App 的习惯。

我们看到很多 App 都有签到得积分的功能，这是最简单也是最基础的任务激励体系之一。积分是一种可见的虚拟收益，但如果积分不能进行兑换或消耗，签到得积分的功能就会失去意义。所以，这种体系需要一个完整、系统的构造设计，把用户行为、虚拟代币、兑换对象这三者结合起来。

用户行为是用户在使用 App 的核心功能时产生的数据，用户只有在使用这些功能时才算真正的活跃，此类数据对 App 的更新优化至关重要。虚拟代币则是我们常见的积分、点数和金币，可以作为奖励给予用户，激励他们使用 App 更多的功能。而兑换对象就是可用于消耗虚拟代币的产品、功能和权益，能让虚拟代币的价值体系保持稳定。

微博的用户任务中心就是一个典型的任务激励体系。其中，浏览、关注、点赞、转发、评论等都是微博想要用户完成的动作；用户完成这些动作后会得到微博积分，完成不同任务得到的积分数值不一样，据此可以看出哪些任务是微博优先希望用户去做的；获得积分后，用户可以用积分兑换红包和礼品，其中红包是主要兑换对象，微博在宣传时也以红包作为主要利益点吸引用户参与。

对于 App 来说，任务激励体系有很多衍生版本，且目的并非都是用户留存，也可以是拉新和促活。例如，在趣头条的金币任务系统中，有很多任务都与邀请好友有关，邀请人数、邀请方式、被邀请用户激活程度等都和奖励程度挂钩。又如知乎的"红包派对"，用户获取红包的条件就是在活动期间每天完成指定任务，如关注 10 个账号、分享精彩回答、浏览"盐选内容"等，每完成一个任务都会获得随机红包奖励。

而在设计任务奖励时，并不一定要局限在积分兑换、红包提现等物质层面，更应该给予用户精神层面的奖励，例如提升任务的趣味性和用户的荣誉感。

支付宝在这方面树立了典范，它的"蚂蚁森林"和"蚂蚁庄园"

一直为人们所称赞，我们以"蚂蚁庄园"为例剖析其具体玩法：

- 以饲养虚拟小鸡为核心任务，而饲料则需要通过完成如线下支付、线上支付等子任务进行获取；

- 虚拟小鸡被饲养到一定程度会下"爱心蛋"，"爱心蛋"可用于捐赠一些公益项目，同时系统会对捐赠用户进行认证，大大激发用户的荣誉感；

- "爱心蛋"的捐赠数量越多，用户等级越高，达到一定捐赠数量后还会解锁荣誉勋章，进一步激励用户使用支付宝饲养虚拟小鸡，进而获得更多"爱心蛋"，完成更多捐赠。

笔者注意到很多 App 都在效仿这一模式，这说明以精神激励为主的任务体系更能培养用户对 App 的认可度，而用户的认可才是 App 实现留存的最大砝码。

所以，在采用任务激励体系作为留存策略时，短期促活和拉新可以使用物质激励手段，长期留存务必考虑使用精神激励手段，两种激励手段综合运用，才能帮助 App 实现增长。

App 变现：利用促销活动大规模转化用户

经过拉新、激活和留存，变现无疑是验证 App 价值的最后一步。

App 的变现模式因领域而异，但其和其他的留量池在具体的用户转化方式上大同小异。

App 独有的优势就是能容纳更多的产品类型和功能，如电商类 App 可以售卖全品类的商品，内容类 App 可以售卖课程、会员和电子书等多种形式的产品。而如何将不同商品通过促销方式进行大规模的售卖，创造更高的收入和利润，是运营 App 时需要考虑的重点。

做促销活动最需要讲究的是布局，将不同领域、不同种类的商品进行搭配，叫作商品布局；将不同优惠策略进行组合，以最大化提升用户转化率，叫作优惠布局；将流量分配到各个商品进行转化，叫作玩法布局。

首先是商品布局，其原则是爆款优先，多款搭配。爆款产品的作用是吸引流量，属于入口型产品，通过用爆款产品吸引流量，能给其他产品带来更多曝光空间。除了爆款产品，还要有利润款产品，利润款产品往往与爆款产品捆绑销售，如手机搭配手机壳，就是靠手机壳赚取利润。此外，活动款产品与形象款产品也必不可少，尤其是活动款产品，利润高，补货快，能辅助增加流量和利润。

其次是优惠布局。可以肯定，单一的优惠力度并不适合所有商品，只有结合不同产品的特点设计不同的优惠策略，才能提升整体转化率。另外，优惠方式不能单一，要多种方式并用，若超过三种，则必须选择其中一种与通用优惠方式搭配使用，如"5 元通用券和 20 元专属券叠加使用"。

最后是玩法布局。一般的大型促销活动不只有单纯的售卖环节，还设有铺垫、预热、高潮等多个细分环节，我们需要对各个环节进行设计，以保证 App 流量被最大限度地激活。以淘宝"双 11"为例，从 11 月 1 日到 11 月 11 日，不同时间段的玩法是不一样的，分别有"叠猫猫""红包雨""定时抢""组队答题""抽奖免单"等多个玩法，持续激发了用户的参与热情。

留量池小黑板

✓ App 有两种典型的流量获取方式，分别是渠道购买和社交裂变。

✓ App 流量购买渠道的类型有很多，其中以应用商店为主，以广告投放为辅。不同渠道的付费模式不尽相同，其中 CPM 是主流模式，CPA 要慎用。

✓ App 的裂变玩法与其他流量平台大致相同，但可以在分享形式、邀请形式和裂变激励形式上有更多探索和改变。

✓ App 的促活有三种有效方法：对渠道进行精细化分析、优化产品使用流程、展示优质内容或产品。

✓ 高频召回和任务激励体系是 App 基本的长期留存手段，而精神激励手段可以作为 App 的优先留存手段。

✓ App 的变现优势是可以利用促销活动实现大规模的商品售卖，只要在商品、优惠和玩法三个方面做好布局，就有可能创造更高的收入和利润。

第七章

5G 时代，如何玩转短视频留量池

众所周知，互联网的发展是跨越式的，而网速的提升不仅带动着互联网的高速进化，也深刻影响着人们的生活和各行各业的发展。

从只能打电话和发短信的 1G 网络、2G 网络，到可以处理图片等媒体形式的 3G 网络，再到可以快速传输视频的 4G 网络，以及将来能支持更多媒体形态的 5G 网络，网速的持续提升，带动互联网从 PC 时代走向移动时代，并即将跨入万物互联时代。

4G 网络的出现深刻改变了互联网行业的格局，在继 BAT（B 指百度、A 指阿里巴巴、T 指腾讯，被并称为中国互联网三巨头）之后催生出一批新的互联网巨头，并推动更多行业加速向互联网化乃至移动互联网化的方向转型，而目前已经开始大规模投入商用的 5G 网络，更将颠覆所有行业的商业模式。

为什么 5G 网络会产生如此大的影响力？主要因为其有两个比较显著的特点。

更快的传输速度。网速的快慢决定了我们网络生活的质量，网速快是一种享受，网速慢能把人"逼疯"。而 5G 网络的传输速度将达到 4G 网络的数十倍，十几秒钟就能下载完一部高清电影。

更低的网络延迟。在移动互联网时代，网络延迟的问题大大改善，基于此才有了手游、直播等产品形态的诞生与爆发。而 5G 网络不仅能改善现有的基于 4G 网络的产品体验，还可能衍生出一些新的应用场景，如无人驾驶。而当网络拥有更快的传输速度和更低的延迟后，以视频内容为主的流量平台更会发生翻天覆地的改变。

4G 网络的普及催生了短视频平台这样的流量洼地，5G 网络的到来将进一步升级短视频平台的使用和服务体验，同时带来全新的场景和功能。

要想运营好短视频留量池，首先需要搞清楚我们为什么要做短视频。短视频，顾名思义，就是指内容展现时间相对较短的视频，时长从十几秒、几十秒到几分钟不等，一般以 15 秒到 30 秒居多，目前整体上有延长的趋势，主要是因为用户在短视频平台消耗的时间逐渐增多。

根据 QuestMobile（北京贵士信息科技有限公司）的统计，截至 2019 年 9 月底，短视频平台的使用时长相比 2018 年同期，增幅超过 64%，抖音和快手两个平台的用户使用时长增幅达 50%，位于主流社交平台前列。

短视频能大幅占据用户时间，与短视频的特点有关。

短视频的第一个特点是吸引力强，因为视频与图片、文字等信息呈现形式相比，更适用于我们的视觉系统。以抖音为例，其个人主页下面的视频首页就是动态的，比单纯的图片更生动，更具吸引力。

短视频的第二个特点是用户沉浸感强，因为其呈现方式会同时触及用户的视觉和听觉，内容也更加丰富和立体，用户常常会花费大量时间去反复观看一个有趣的视频，同时，信息流的呈现模式会让用户习惯性地持续滑动屏幕，进一步延长使用时间。

短视频的第三个特点是创作门槛低，用户只需要打开短视频软件，就可以录制并发布视频，平台甚至还会提供音乐、特效等创作素材。而如果创作的视频内容有趣、好看，能满足一部分人群的需求和喜好，就有可能获得更多的曝光量。

正是基于这三个特点，短视频成为人们记录生活和表达情感的工具，进而创造出了新的流量红利。

本章我们将以抖音和快手为例，系统梳理主流短视频平台的流量玩法和变现模式，就这一崭新的留量池为读者提供更多的运营和增长思路。

抖音运营策略

抖音是目前中国最大的短视频流量池，月度活跃用户数近 5 亿，催生了移动互联网近年来最大的流量红利，它在某种程度上改变了互联网流量的运营逻辑，吸引各大企业纷纷"押注"抖音，而基于抖音的留量池运营玩法也逐渐被开发出来。

接下来我们就从抖音引流和抖音变现两个维度分析抖音的留量池运营策略。

抖音引流策略

➢ 内容获客

抖音引流的基本逻辑和大多数平台一样，都是通过展示内容来突出账号属性，以此吸引需求稳合的用户，再利用一些固定入口和运营策略引导他们进入其他留量池。所以，抖音的核心拉新策略就是依靠内容获客，在此之前，我们需要先了解抖音的内容推荐机制。

✧ 抖音的算法

抖音是字节跳动旗下的 App，众所周知，字节跳动以算法精准著称，这是字节跳动的核心壁垒，也是其能被称为"App 工厂"的主要原因，而抖音则继承了其算法的精髓。

抖音算法推荐的基本逻辑是，先把视频内容推荐给一部分用户，然后根据这部分用户的反馈数据来决定是否将其推荐给更多人看。如果反馈数据的分析结果是正向的，就会将其推荐给更多人，反之则不再推荐。

这里的反馈数据主要包括播放量和完播率、点赞量和点赞率、评论量和评论率、转发量和转发率，而其对内容推荐的影响力排序为：**播放量和完播率、点赞量和点赞率、评论量和评论率、转发量和转发率。**

用户"刷"到了视频但没有看完，会导致视频的完播率低，而用户看完了视频但没有点赞，则会导致视频的点赞率低。一个视频如果在完播率和点赞率上表现不佳，基本就会被判定为内容质量差，系统也就不会再推荐。

那么，视频每次被推荐需要获得多少的完播率、点赞率才有机会得到更多次推荐？一般来说，视频第一次被推荐时会根据抖音账号的权重匹配到相应的流量，大概为百人量级，如果完播率达到 60% 或点赞率达到 10%，并且出现了一些评论，基本会被判定为内容较好而进行二次推荐。第二次推荐匹配的流量一般为千人量级，同样是在完播率、点赞率、评论率等数据较好的情况下，才会被认为受欢迎从而被第三次推荐，获得万人级的曝光量，之后便以此类推，直至有十万人、百万人甚至千万人看到这个视频。

如果你发的视频能在一个小时内实现播放量超过 5000 次，点赞量超过 100 个，评论量高于 10 条，那么这条视频基本就会进入下一级推荐，反之就有可能"夭折"，当然，在未来某一天突然爆发也不无可能。

◇ "养号"

何谓"养号"？就是把一个新账号快速培养成能够持续被系统推

荐的账号，从而吸引大量的粉丝，成为流量阵地。账号能够被推荐的一个重要前提是就拥有相应的账号权重，权重越高，获得流量扶持的概率越高。而提高账号权重的方法有很多，最根本的方法就是模拟正常账号的使用习惯并在此基础上保持较强的创作能力和较高的更新频率。

为什么要模拟正常账号的使用习惯？因为一个人使用视频平台是有多种需求的，除了自己拍视频，也要看其他人的视频，并关注其他人的账号，给别的视频点赞和评论，此外还应积极参加平台的活动。如果一味地发视频，并不会被认为是有潜力的账号，系统也就不会给你流量。

一般来说，"养号"周期为三天至一周，在这期间我们需要完善账号信息，观看系统推荐的视频，关注所处领域的其他账号，为接下来的内容创作累积创意。

❖　内容运营

准备好账号以后就可以开始输出短视频内容。任意平台的内容创作都需要我们考虑这几个方面：垂直领域、风格形式、合适选题、脚本结构和日常维护，这里我们分步骤来解读短视频内容的运营。

第一步是选择一个领域，给短视频的内容做一个整体的定位，但要尽量选择一个不算小众的领域，并注意不要跨越多个领域，以免影响视频的推广效果。当一个账号突然发布了一个面向新领域的视频时，会干扰系统对账号的评估，进而影响账号权重。所以，若想涉及多个领域的内容，可以通过建立账号矩阵来实现。

第二步则要选择适合自己的视频形式和视频风格，强化粉丝对账号的印象，增强粉丝黏性。

目前抖音上的视频形式有很多，总结下来主要有三种。

● **真人出镜**。这是当前最主流的一种短视频形式，这种短视频具备真实感，再搭配音乐、特效、剧情等元素，可以呈现出很好的视觉效果。而抖音早期推出的"运镜"玩法之所以能够吸引大量用户参与其中，也是因为其真人出境的形式给了用户基本的沉浸体验。

● **图片滚动**。即把图片或照片做成动态翻阅形式的视频，这是一个比较成熟且制作成本较低的内容玩法，它能够吸引用户的原因是此类视频展示的多是一个递进的过程，能给用户带来期待感。例如把一个人从小到大的照片制作成一个视频，用户在看到主人公小时候的照片时就会期待他长大后的照片。

● **字幕跳动**。即设计五颜六色的文字，然后从不同方向持续弹出，或与真人出镜搭配，把人物说的话做成字幕放在视频里。很多测评类和教育类短视频都是运用真人出境搭配字幕的玩法，"口红一哥"李佳琦的短视频就是典型的例子，当然，他的短视频受欢迎的原因更在于内容本身。

除了短视频形式，短视频的内容风格也影响着短视频的曝光量和引流效果，常见的视频风格类型有测评类、搞笑类、特效类、情感类、剧情类、集锦类、解读类、榜单类等，我们可以把视频风格与视频形式进行多种搭配和尝试，直到找到效果最好的内容模式。

这里笔者推荐四个效果较好且较为常见的短视频风格类型。

- **反差类**。典型玩法是快速变装，如抖音用户"阿纯"，他在他的视频前半段中都是男性形象，到后半段就变成女性形象，借此形成强烈的视觉反差，吸引粉丝的关注。

- **搞笑类**。抖音作为娱乐属性很强的平台，搞笑类视频的引流效果十分明显，而对于幽默感的把握是该类视频成败的关键。

- **金句类**。情感金句容易打动人心，励志金句让人热血沸腾，让"冬泳怪鸽"火爆全网的就是他的金句"我们遇到什么困难都不要怕，微笑着面对它，奥利给！"。

- **解读类**。即以专业的解读配合固定的"人设"，向用户传授某一专业领域的知识，基本形式是"真人出镜+动态字幕"，适用于知识付费和教育类产品。传授的知识点要给人耳目一新甚至颠覆认知的感觉，比如"蜗牛保险"的短视频，其往往会以很快的语速讲述一个和保险相关的问题，并围绕问题传达一些有用的小知识，然后利用对评论和私信的回复进行引流。

第三步是选择视频内容的主题。

关于挑选主题，有一个小窍门，那就是追踪抖音平台的热点。例如，抖音经常会诞生一些"神曲"，用这些"神曲"制作的视频往往有助于账号实现快速引流。另一个有效的办法是观察竞品，尤其是观察头部竞争对手的竞品选择了哪些主题，并将其归类，然后进行模仿测试，最后确定自己的主题。

第四步是将视频内容的脚本结构化。

众所周知，拍摄视频需要脚本，在很多时候，脚本都需要经过多次编撰和打磨才能付诸拍摄。所以想要实现视频的高频更新，就需要将脚本结构化，即打造并累积多个内容模板，然后根据热点和选题进行填充和优化。

至于内容来源，一部分来自你在所处领域累积的专业知识，另一部分则来自与该领域相关的其他内容源，如知乎、微信公众号等。

例如，抖音号"蛋解创业"为了保证内容的持续输出，将猎奇、反常识、共鸣感等多个要素总结成多个内容公式，然后根据公式编撰视频内容脚本。再如抖音号"店探长"，它的内容多来自电视节目、知乎等渠道，同样是通过脚本逻辑框架化将其快速输出。

第五步是日常维护，即在做好前四步的基础上，进一步提高视频的完播率、点赞率、评论率、转发率等关键数据。在具体操作时，首先要保证视频开头不拖沓，即能在三秒钟内抓住用户眼球；其次要注意配乐和画面质感，即尽量使用抖音上的热门音乐作为背景音乐，且画质要清晰；最后还要在视频末尾设置彩蛋等内容，以此提高视频的完播率和评论率。

✧ 账号引流

从内容推荐到"养号"再到内容运营，皆是为了保证抖音账号实现快速涨粉，但如何将账号获取的粉丝直接从抖音引到其他平台呢？

以从抖音到微信为例，笔者总结了六种方式。

- **签名档引流**：通过简短且利益性突出的文案引导粉丝添加微信号，给予用户的利益一般是优惠福利或满足刚需的内容产品。

- **背景墙导流**：基本逻辑和签名档引流一致，呈现形式为带有引导文字和链接入口的图片。

- **私信区引流**：通过签名档、背景墙等引导粉丝发送私信给账号，然后通过私聊的方式对其进行导流和转化。

- **视频内容引流**：一般是在核心内容部分展示完毕后，在结尾处留下一个行动指令，并通过字幕引导粉丝找到微信号。

- **评论区引流**：通过设悬念、提问题等方式引导用户观看评论，然后通过置顶自己的评论，引导粉丝添加微信。

- **视频区左下方引流**：账号"樊登读书"的视频就会在这个位置放置引流的内容，用户点击后会跳转到其他页面，里面会显示具体的引导文案和微信号。

> **挑战赛**

在抖音上实现涨粉的第二个主流方式，是参加平台或平台与品牌方联合组织的挑战赛，即抖音发起一个话题，用户参加拍摄相关主题的视频即可。

最典型的案例就是"韩美娟"的"百因必有果"。"韩美娟"是2019 年抖音上走红的几个短视频个人账号之一，她的这一金句吸引了众多用户拍摄模仿视频，引发了大量的传播。

其实，抖音挑战赛本质上是一套完整的内容裂变机制，部分用户根据挑战赛的话题进行内容创作，其他用户看到有趣的内容后也会加入挑战赛，进行其他形式的创作，进而带动更多粉丝观看和参与，形成流量循环。

利用挑战赛机制快速涨粉的三大要素为：吸引人的话题、实用的工具和有效的资源。

对于抖音挑战赛来说，话题就是传播的原动力，只有吸引人的话题才能让用户主动参与其中，继而引发用户的主动传播。目前，抖音上的话题主要有如下七类。

- **节日热点类**。即利用节日制造的热点话题。例如借助春节这个一年一度的节日，发起一个话题如"抖出年味"，让用户录制与过年相关的小视频。

- **流行语类**。即以流行语为主题发起的话题挑战，最典型的例子是"百因必有果"。用户只需要发布与流行语相关的模仿视频，就能参与此类挑战。

- **传达理念类**。往往由品牌方发起挑战，意在阐述品牌的理念，从而拉近与用户的距离，如由小米发起的"百万寻找战斗天使"话题挑战。

- **品牌类**。适用于高国民度的品牌，如支付宝，其发起的"支付宝全球锦鲤"挑战，借助锦鲤所代表的幸运含义，引发了大众的积极参与。

- **产品类**。目的是让参与话题挑战的用户利用视频体现产品卖点，向其他用户传递产品信息，如华为荣耀发起的"人生第一个4800万"话题挑战，传递的是产品的4800万像素这一核心卖点。

- **明星类**。这是最容易起到传播效果的话题类型之一，即借助明星或知名人物的影响力，带动粉丝及熟知明星的用户参与挑战。

- **利益类**。以物质奖励吸引用户参与话题挑战，表现好的用户会得到相应奖励。这样做的好处是能给予用户直接的动力，提升用户参与度。

在这七类话题中，节日热点类话题的流量吸引效果和粉丝沉淀效果是最好的。

确定话题后，就要选择实用的工具。抖音为用户的短视频创作提供了很多实用的工具，如贴纸工具和背景音乐工具。贴纸是附在原始视频上的一些特效装饰，有多种类型，如抽签测评贴纸、秀场贴纸、剧情贴纸、合拍贴纸、反转贴纸等。

其中，抽签测评贴纸、秀场贴纸、反转贴纸的用户使用频率相对较高，且引流效果明显。例如，小米在推广手机时发起的"寻找百万战斗天使"话题挑战就吸引了大量明星达人利用秀场贴纸制作视频，在视频中，贴纸只占很小的空间，剩余的空间都留给参与者展示各自的才艺。

背景音乐是抖音短视频的一大特色，用对了背景音乐会让视频变得更加有趣。对于抖音的挑战赛模式来说，音乐类型分为剧情配音、舞蹈配乐、歌曲改编和节奏纯享四种，其中，剧情配音类音乐更符合用户需求，有极强的互动性。例如，华为荣耀发起的"人生第一个4800万"话题挑战，其对口型的演绎方式给参与者带来了极强的代入感，再加上反转的剧情，可进一步吸引用户的注意力。

当然，舞蹈配乐、旧歌改编和节奏纯享也是很好的背景音乐选择，因为舞蹈是抖音上常见的视频内容，有较强的大众基础，只要视频主角颜值高并能跟上节奏，就会有不错的播放效果。

最后，要利用有效的资源推广已发布的视频。一场抖音挑战赛会用到很多资源，如流量曝光工具、互动工具、"种草"工具、引流工具等。流量曝光工具包括开屏广告、信息流、达人推广、"TopView"（广告位）、共创项目；互动工具包括视频挂件、红包贴纸等；"种草"工具为快闪店；引流工具包括购物车、"Link"（广告链接功能）、小程序、POI（地址认领）、卡券、品牌专区、明星品专区和搜索彩蛋。

任意一场挑战赛都会用到以上一种或几种资源，例如，小米发起的多个产品类话题挑战就用到了达人推广、视频挂件、快闪店、小程序、搜索彩蛋等资源，推动了品牌和产品的大范围曝光。

所以，设置吸引人的话题，选取合适的工具和资源，就可以让挑战赛为你轻松引流，实现有效获客。

> ➤ "DOU+"（上热门功能）

除了内容和挑战赛，抖音官方的拉新工具"DOU+"也是一个不错的涨粉途径。"DOU+"是一个付费投放渠道，可用于直接增加视频播放量，借此实现账号涨粉和变现。例如，账号"三好网"就用"DOU+"付费投放了一个视频，视频中列举了老师常讲的口头禅，属于"真人出镜+段子"风格的视频，引发了用户的强烈共鸣。这个视频的投放费用为 2000 元，点赞数超 30 万个，带来的新增粉丝比例达 7.7%，效果非常可观。

那如何才能用好"DOU+"，真正地实现粉丝的增长？基本逻辑就是不断地投入和测试，这和大多数平台的付费推广逻辑是一致的，其核心还是内容与产品，内容和产品越好，越符合用户需求，越容易出现较高的回报率。

我们简单梳理一下用"DOU+"投放视频的基本步骤：

- 第一步，选择包装好的账号进行测试，该账号必须有清晰的定位和较高的权重；

- 第二步，准备好要投放的视频，在"DOU+"选择"速推版"或"定向版"进行投放，建议优先选择后者，其中包含系统智能推荐、自定义定向推荐和达人相似粉丝推荐三种推荐方式，建议优先选择自定义定向推荐和达人相似粉丝推荐，选择后确认投放；

- 第三步，对比投放数据，核算投入产出比（视频中可配置流量入口，能直接售卖产品或向外部平台引流），复盘和总结数据较好的视频类型，准备新一轮的制作和投放。

抖音的变现模式

抖音作为流量洼地，变现是体现其平台价值的关键。目前，基于抖音的变现模式主要是电商 CPS。有流量的地方就有电商，电商是目前互联网最基本的变现模式，也是验证平台变现能力的绝佳选择。

抖音的商业化进程就是从电商开始的，而且是帮助用户（主要是达人们）进行直接的变现，其中最基本的方式是开启商品橱窗功能。商品橱窗中可以放置各种外部电商平台如淘宝、京东、考拉易购、苏宁易购和唯品会等的商品链接，粉丝点击下单后会给抖音账号带来收益，商品卖得越多收益越多，即按 CPS 模式计价。

除了第三方电商，账号也可以开设自己的小店，但需要上传商品并通过审核，商品分为实体产品和虚拟产品（知识付费、教育培训等产品）。抖音账号"樊登读书"就有自己的小店，所售卖的产品是 VIP 会员权益。

开启了商品橱窗功能，就意味着可以通过视频作品进行流量转化，转化入口就在视频的左下方，显示为黄色字体，最常见的是"购买视频同款"字样。

很多人都知道李佳琦通过直播卖货，他的视频内容基本都是对于美妆产品的测评，搭配橱窗功能实现低成本、高频、快速的商品成交。笔者看过他的一些视频，所售商品的销量基本都是万件起步，其威力可见一斑。

关于短视频卖货，最重要的是要找到适合通过短视频售卖的产品，以及摸清抖音达人卖货的流程。

因为抖音用户以年轻人居多，且女性占比较高，所以美妆类和女装类产品很受欢迎，其中爆款产品的价格区间为 40～60 元。此外，家居类产品也属于抖音快销品，以及新奇好玩的商品也容易出现较高的销量，但前提是产品质量过关，剩下的就取决于抖音达人自身的卖货能力和营销策略。

再看商家与抖音达人的合作流程。先由以"淘宝客"等为主的推广者联盟组织找到商家确定其想要推广的产品、佣金及推广策略，然后把所有信息整合起来发布到专门的微信群，群成员几乎都是抖音上的电商达人，达人们看到产品信息后报名申请即可。

当然，个别商家也会直接联系一些达人进行产品推广和售卖，最终效果取决于产品属性与达人粉丝的需求是否匹配。

除了通过短视频内容直接变现，直播卖货也是抖音主要的变现方式之一，但与其他平台（如快手、淘宝等）相比，目前还处于弱势地位。

所以，利用短视频进行流量转化并配合"DOU+"等功能增加曝光率，是一条适用于企业在抖音变现的运营逻辑。

目前，抖音已经凭借流量红利形成了新的商业化生态，过去在其他平台诞生的变现玩法将会陆续出现在抖音平台上，抖音的未来值得我们期待。

快手运营策略

除了抖音，短视频领域的另一个巨头级玩家就是快手，二者被人们并称为"南抖北快"，由此可见短视频行业的基本格局。同为短视频平台，快手的流量逻辑、覆盖群体和抖音完全不同，这两种差异只需通过观看两者的产品界面就能感受出来。

抖音界面里最醒目的栏目是"推荐"和"关注"，前者的视频内容会优先占据全屏，导致用户的习惯动作是滑动屏幕，即看完眼前的视频就滑动到下一个视频。即便用户因为某个视频而关注了某个抖音账号，也很难想到主动去观看该账号的视频，除非系统再次推荐该账号的视频给用户。由此可以看出，抖音的公域性很强，在运营上也是典型的流量逻辑。

快手则不然，其界面中有"关注""发现""同城"三个较为醒目的栏目，其中"发现"页的视频呈双列形式布局，会同时展示多个视频作品，其中不乏一些粉丝较少的账号，这说明快手的流量分配较为均衡。据称，快手会把 70%的流量分配给普通用户。

此外，快手的私域性质非常强，每天有超过 80%的用户会打开"关注"页，而单一账号的打开率也在 10%左右，远超微信公众号和抖音。

正因为如此，快手的流量转化效果才会好到让人咋舌。在电商领域，快手的流量转化率是抖音的 10 倍以上。例如，账号"三一重工"虽然在快手只有几千粉丝，却用一场直播卖掉了 42 台压路机，可见快手粉丝的黏性之高。

所以，如果用一句话概括抖音和快手的区别，抖音就是短视频媒体，公域性强，适合品牌曝光，而快手则是短视频社区，有私域"基因"，更适合流量转化和变现。

接下来我们就来解读快手留量池的运营策略。

快手引流策略

快手虽然是短视频社区，有着私域属性很强的流量逻辑，但绝大多数账号还是依靠内容和系统推荐获取粉丝，这一点与抖音等其他短视频平台没有根本差别。所以，在快手，我们依旧可以使用在抖音上的那一套内容获客逻辑，同时，笔者基于快手的特点对其稍微做了一些改动。

➢ 内容定位

首先是内容定位，要想依靠内容吸引粉丝，必须先明确账号的定位，而在定位的过程中，我们需要做以下两件事。

第一件事，盘点自身在快手做运营的诉求，以及手头所掌握的资源，并列出详细的清单。具体可以拆解为四个方面。

- 首先要明确做快手账号的动机，即为什么要做快手账号？做快手账号的好处是什么？做快手账号是为了达成什么样的目标？

- 其次要确认运营的方向，具体是做品牌还是做转化。如果是做品牌，应该如何切入，目的是传递品牌理念还是追求高曝光；如果是做转化，又该如何切入，账号垂直程度如何，内容属性偏向有趣还是有用。

- 确认了运营方向后，就要明确切入的具体领域及选择哪一细分领域作为初期的内容主攻方向。

- 最后，盘点自有资源，确认这些资源能否支撑你拟定的一系列策略，确认自己是否有充足的人力、是否有原创能力及是否有累积的内容可以用于快速生产。

通过对这四个方面的盘点，我们可以为自己确定一个清晰的运营方向。例如，假如我要做一个教育类的快手账号，就可以列出如下清单。

- **做快手账号的原因及好处**：快手流量大，下沉用户多，私域性强，易于拓展新渠道，有助于业务的良性发展。

- **想要达成的目标**：在 x 个月内获取 x 万粉丝，完成至少一次引流或转化。

- **运营方向**：在快手卖出 x 元的课程，以知识讲解的方式测试转化效果。

- **具体领域**：K12 方向，尤其是初中年级，针对的科目为数学和物理。

- **所拥有的资源**：考虑将过去累积的上课视频重新剪辑并上传，后期考虑邀请老师进行专门的课程录制。

有这样一个清单，我们在制订具体的运营策略及方案时，就会变得游刃有余。

第二件事，搜索并对标快手上的同类账号，可以通过搜索所处行业的一些关键词进行寻找。还以教育领域为例，搜索"初中""数学""语文"等关键词，以及一些有名的教育品牌，可以发现很多同类账号。

如果想要尽可能全面地收集同类账号，最好借助专门的第三方工具，如新榜、西瓜数据等，借助此类工具除了可以查到同类账号和竞品，还能获取相对全面的数据。一般情况下，通过分析同类快手账号的数据，可以得到这几个方面的信息：平均粉丝规模、主要竞品所处位置、主流内容方向和形式、高粉丝量账号特征、高播放量视频特征、账号互动情况（点赞量、评论量等）及变现模式。通过以上这些信息，我们能够更加明确自己的水平和目标，并选择相对正确的内容形式和变现模式。

> ➤ **"人设"打造**

在打造以微信个人号为核心的私域流量运营体系时，有一个步骤叫作"人设"打造，同样地，短视频平台的账号也需要进行"人设"打造，尤其是对于快手这种私域性很强的平台，打造"人设"能大大提升粉丝的黏性和增长速度。

快手账号的"人设"打造逻辑与微信个人号类似，同样需要重视账号的内容风格。

快手账号的主页中有这样几个元素：主页背景、个人头像、账号昵称、个人简介。这里我们简单介绍如何通过对这几个元素的优化，打造我们所期望的"人设"。

- **主页背景、账号头像**：需采用高清图片；视觉上要清晰，风格要统一，色系搭配要合理；图片中的文字要结合账号定位，体现内容方向。

- **账号昵称**：以给人带来亲近感为宜，并体现为一个具体的人物，如"初中数学老师某某某"；要包含关键词，以便于搜索和导流。

- **个人简介**：使用第一人称，尽量完整、简洁；同样需体现账号内容方向，可临时添加直播时间。

打造出账号"人设"后，就可以结合之前确定的内容定位，正式展开运营。

➢ **内容运营**

快手的内容运营主要包含两个方面，一方面是对展示内容的设计，如标题、封面、文案、声音、画面、时长等，另一方面是对影响内容曝光率的要素的运营，如原创性、互动性、更新频率等。

对于展示内容来说，相对重要的是封面和标题。对于快手上的视频而言，封面和标题共同决定了用户的点击意愿，因为标题往往是放置在封面上的。封面一般选用视频内容截图，这样更能保证内容主体的完整性，也容易被系统算法识别。视频呈现方式则以竖屏呈现为主，这样更符合快手用户的浏览习惯，同时还要注意色彩饱和度不宜太低。至于标题，字体的辨识度要高，需要与封面背景形成鲜明反差，字数尽量不超过 10 个字，标点符号宜用感叹号和问号。只要选好标题并做好封面，系统就能识别视频类型，将其推荐给精准的用户。

当然，封面和标题只能解决用户的点击问题，视频内容才能决定用户是否愿意看完整个视频。能够影响用户决策的视频内容因素有很多，除了内容形式（在分析抖音时已有所阐述，这里不再列举），还有如声音、画面、内容尺度、内容风格、呈现形式等具体细节，把握好这些细节，可以大大增强用户的观看体验。其具体标准如下。

● **声音**：尽量使用人声，须清晰且易于辨认，不好的音质会严重影响用户的观看体验。

● **画面**：注重真实感，最好能让观看者感觉身临其境；保持光线明朗、画面稳定及背景的整洁；字幕要突出关键词，有双语字幕更佳。

● **内容尺度**：信息量和字幕量不宜过大，视频长度以 30 秒为宜，最长不超过 1 分钟。

● **内容风格**：内容不要过于单一，确保实用性和趣味性兼具，最好添加提问和互动环节。

● **呈现形式**：尽量选择竖屏的呈现方式，如果是横屏素材，可以搭配一些模板以满足竖屏的尺寸要求。

此外，我们还需要重点运营一些影响内容曝光量的要素。

提升内容曝光量的第一招是加"原创"标签，即表示该视频是在快手首发，并且只发一次。

提升内容曝光量的第二招是在流量高峰期发布视频，快手用户的活跃时间大多在 18:00～21:00，其他时间段可以作为备选。

提升内容曝光量的第三招是提升互动率，即增加账号（运营者）与粉丝交流的频次，可以尝试通过用私信发福利、回复评论、开直播推荐、用群聊功能建群等方式与粉丝进行互动，其中最值得重视的是与评论、点赞等有关的互动，如果此类互动在视频发布后 1～2 小时内带来了足够的热度，视频就有机会被推荐上热门，从而增加视频曝光率。

提升内容曝光量的第四招是坚持高频率地更新视频，可以每天间歇性更新 1～5 条视频，但这对创作者的内容产出能力有较高的要求。

➢ **涨粉策略**

前面我们介绍的都是基于内容的运营策略，接下来我们介绍其他几个常规涨粉策略。

一是热点涨粉。基本逻辑是通过输出快手上较为流行的话题内容，提升内容曝光量，从而吸引粉丝关注。例如，曾经红极一时的"公益教学"视频，就有很多教育类账号跟风拍摄，其中有的视频播放量超千万次，有的账号借此涨粉几十万人。

二是直播涨粉。直播在快手是一个十分具有优势的引流方式。因为快手的私域性强，所以粉丝的黏性也很强，基本所有的直播都会有粉丝观看，尤其是拥有万级以上粉丝的账号，直播效果非常好。如果是在自己的直播间直播，可以通过互动的方式引导粉丝观看和评论自己最新的视频，帮助视频冲击热门，也可以直接或间接将粉丝导流至其他平台。

而如果想通过直播直接涨粉，最好去其他账号的直播间观看直播，尤其是粉丝量大且与你账号属性相似的账号的直播间，然后通过打榜的方式（如"刷礼物"）占据榜单前列。前提是要与主播约定，由主播引导粉丝关注你的账号。当然，如果能与主播连麦（网络流行语，指在麦序模式下，多个玩家可同时通过麦克风说话，实现多人互动、节目交流等需求）或实现连屏互动，对你的账号将更有助益。

三是投放涨粉。即通过付费推广视频，增加视频曝光量，吸引粉丝关注。与抖音的"DOU+"功能类似的是快手的作品推广功能，该功能拥有很多推广模式，可以推广自己的视频给粉丝或站内用户，也可以推广别人的视频，还可以推广关联商品的视频。

关于在快手付费投放的基本逻辑，基本参考抖音的"DOU+"投放即可，这里笔者再针对快手的特征补充几点投放意见。

- 优先推广原创、内容垂直、主题突出的视频。

- 在初期进行小额度测试时，可以选择在"发现"和"同城"

页面投放。

- 根据封面点击率和获客成本评估投放效果。

- 根据投放效果和心理预期来决定是否继续投放。

快手变现模式

和抖音一样,快手也开启了商业化模式,并且也是从电商领域切入。但不同的是,快手在直播卖货方面更胜一筹,对知识付费的投入力度也更大,接下来我们就重点解读快手在直播电商和知识付费领域的变现玩法。

> ### 直播电商

抖音和快手都有直播,其是二者商业化的核心手段,而快手因为流量黏性更强,转化率更高,带给主播的收益也更加明显。在直播卖货前,主播需要重点做好两件事:涨粉和备货。

涨粉自不必说,这是直播变现的基础。而在有了粉丝的前提下,卖什么产品,到哪里去找产品,要卖多少产品,是我们在直播前要想清楚的问题。

首先是产品的选择,主要有两个标准,一是选择粉丝喜欢的产品,二是在确定粉丝喜好的基础上,选择质量和销量都比较好的产品。而在选好产品后就要开始寻找货源,每个主播都有自己相应的渠道,其重点是货源要稳定、发货要及时，不然很容易影响直播效果和主播口碑。同时，主播与产品也存在匹配与否的问题，不同类型的主播适合售卖不同类型的产品。

第一类主播是档口老板，他们对于某类产品拥有丰富的销售经验，有品牌，有渠道，有货源，有团队，能给予粉丝优质的直播购物体验。例如，主播"石家庄蕊姐"，她从事了 20 多年的线下服装生产工作，有自己的品牌，且货源有保证。她利用直播通过薄利多销的卖货方式赚取收益，快手账号粉丝已超过 230 万人。

第二类主播是小店经营者，线下拥有的店铺往往是例如"夫妻店"这样的家庭组合经营模式，团队较小，分工简单，货源相对稳定，发货比较容易。

第三类主播是由娱乐、才艺型主播转型而来的卖货主播，有一定的粉丝基础，会根据粉丝的喜好选择产品进行直播卖货，货源相对不稳定。

在解决了产品和货源两大难题之后，就可以进行直播了。直播的具体细节往往根据主播和粉丝的共同习惯来决定，有的主播喜欢一天直播三次，有的主播则喜欢在中午和夜间进行直播。相比之下，笔者更关注的是快手主播们利用直播变现时所采用的转化逻辑。笔者将其做了拆解，具体步骤如下。

第一步，把粉丝留在直播间。要想让粉丝在一开始就留下来，主播需要付出很多努力，关键之一就是让自己保持兴奋的状态，用激情感染粉丝，引发粉丝的参与和回应。

此外，直播间的布置及主播间的配合也十分重要。例如，可以通过鲜艳的背景颜色和倒计时的字样，制造紧张的氛围；还可以通过一个主播持续强调一个问题，其他主播重复帮腔来炒热气氛。当然，操作成本最低的方式还是发福利，抽奖、发红包等都是主播惯用的手段，目的就是增加粉丝的停留时间，获得更多的销售机会。

第二步，传递产品信息。与直播讲课不同，电商直播的目的很明确，就是销售，而粉丝也是因为想要购物才来的。作为主播，需要做的事就是努力把产品推广出去，让粉丝们了解更多产品信息。例如，在直播卖女装时，主播会要求助理在白板或白纸上写出产品的品牌、价格、型号等信息，同时身边会有一个模特负责展示穿着效果，而主播可以根据展示效果，列举产品的优、缺点，引导粉丝下单。

第三步，运用营销心理学激励粉丝下单。直播卖货的本质就是在线上直接进行交易，即相当于把线下的叫卖式营销搬到了线上。主播在直播卖货时可以用到的营销心理学效应包括从众效应、互惠效应、承诺一致效应、对比效应、稀缺效应、权威效应等。例如，有的主播经常会说"已经卖出 1 万件了"，运用的就是从众效应；有的则会提出一些常见的小痛点，然后推荐产品，运用的就是承诺一致效应；还有的会大肆宣传价格优惠力度，并利用涨价、限量、货比三家等手段，将互惠效应、对比效应、稀缺效应等结合起来，应用到极致。其中，最能让粉丝信服的还是权威效应，有的主播会把自己塑造成专家的形象，通过现场演示、原理解读、效果验证、提出建议等手段，赢得粉丝的好感和信任，这样以后再售卖产品就容易得多。

第四步，打消粉丝疑虑，现场促单。经过前面的铺垫，粉丝的购买意愿会大大提升，但还是会担心发货、售后等问题，这时主播要做的就是许下承诺，以打消粉丝心中的疑虑。

此外，为了进一步提高下单率，主播们会现场解读如何在平台下单、如何使用商家优惠券等问题。有的主播甚至会让粉丝直接参与定价，只要达到销量要求，就现场更改商品价格，这样做同样是为了激励粉丝快速下单。当然，为了提升复购率，快手主播还会通过建粉丝群的形式对粉丝进行长期运营，时刻把握粉丝喜好。

以上就是快手直播卖货的基本运营逻辑。

> **知识付费**

快手在 2019 年下半年，宣布投入 66.6 亿元扶持教育类账号，同时开启"教育生态合伙人"计划，意在招募更多教育领域的内容生产者入驻快手。这对教育行业来说是件好事，也彰显了快手在教育领域的野心。

目前，快手针对教育（本质还是知识付费）推出的产品是快手课堂，其中包含如下几个课程类型：兴趣类、职业教育类、三农类和培训类。

兴趣类课程是针对音乐、美术、体育、棋艺等素质教育科目开设的课程，目标人群覆盖幼儿到成人，其中以面向成人的兴趣课程居多。

例如，快手用户"艺生欧巴"是一名音乐学院的老师，他在快手课堂开通了《10 节课塑造好声音》等几十门音乐兴趣类课程，极大地满足了其粉丝学习声乐的需求。

职业教育类课程则是面向职场人士的课程类型，这是一个比较大的类别，内容以讲授职场技巧和赚钱手艺为主。例如，快手用户"闫妈妈街边小吃"是一位开麻辣烫小吃店的店主，她女儿经常用快手拍她做小吃的视频，因此获得了很多粉丝的关注。后来她在快手课堂开课教做菜，并借此带动开展了线下教学，实现了可观的收入增长。

三农类课程是比较特殊的一类课程，笔者在别的平台很少看到这样的课程分类，这可能与快手的用户构成有关。三农类课程是面向农民的课程，可以与职业教育类课程归为一类，本质内容都是成人职业技能教学。

培训类课程是快手在大力发展的一个课程类别，其中有很多中小学教育课程。例如，快手用户"阿柴哥数学课堂"就在快手开设了《初中数学零基础班》等课程，购买人数逾 10 万人。

至于快手课堂的转化逻辑，其与电商的转化逻辑基本一致。

第一种方式是通过视频内容提升粉丝黏性，然后再进行课程售卖，购买入口就放置在视频左下方的购物车和个人主页的精选专区。"阿柴哥数学课堂"就发布了很多解答初中数学题的视频，通过通俗易懂的题目讲解吸引了大批粉丝，同时在视频页面中放置课程购物车便于粉丝下单，或在视频内容中直接引导粉丝购买。

第二种方式是通过直播上课的方式售卖课程，这与公开课或讲座的性质类似。主播通过教学服务获得粉丝认同，然后利用连麦等功能与粉丝进行互动，最后在服务和互动的过程中引导粉丝下单。

留量池小黑板

✓ 5G 时代的到来，将为短视频平台带来新的流量红利，除了互联网基础设施的改善，还因为短视频具有吸引力强、沉浸感强、门槛低的特点。

✓ 抖音有三大引流策略，分别是内容获客、挑战赛和"DOU+"，变现模式则以电商 CPS 为核心，达人可通过直播与付费投放提升流量转化效果。

✓ 抖音与快手的区别：抖音的本质是短视频媒体，公域属性强，适合品牌曝光；快手的本质是短视频社区，私域属性强，更适合做流量转化。

✓ 快手账号的运营同样以内容为绝对核心，在玩法上与抖音没有根本的差别，但粉丝黏性更强，尤其在直播电商和知识付费领域，快手的变现效果更为显著。

第八章

运营人员必须具备的四项基本能力

留量池运营中必须具备的四项基本能力，也可以说是运营人员必须具备的四项基本能力，它们分别是数据分析能力、活动规划能力、私域运营能力和文案转化能力。无论是在拉新、转化还是留存环节，这四项能力都能帮助我们稳定和扩大留量池。

接下来我们分别阐述这四项能力的提升之法，以及相关问题的解决之道。

如何分析运营数据

数据对运营工作的重要性是不言而喻的，我们做的任何运营工作，如果没有数据反馈，就无法确认其是否有效，更无法体现其价值。

在做运营时，有两种数据值得我们重视，一种是目标数据，即指标。需要达成什么样的指标，达成了多少指标，是评估个人运营能力的重要依据。另一种是体现运营工作细节的数据，通过详细的运营数据，我们可以观察到运营工作的全貌，更准确地找到问题所在。

首先我们来了解在留量池运营的各个环节中，都有哪些常用数据。

留量池运营的常用数据

➢ 拉新相关数据

PV/UV：即访问量/独立访客，主要指 PC 端或移动端页面的浏览量或浏览人数，是图文和视频重要的监测数据，也是统计拉新效率的基础数据。

粉丝量/关注量：指公域流量平台账号的绑定用户数量，如公众号粉丝数、头条号粉丝数、微博关注人数等，是评估流量的关键指标。

预约量/进群量：指参与活动或参加社群的用户数量，是评估拉新活动的具体指标之一，可用于验证拉新活动的影响效果。

下载量：主要指 App 的下载量，下载量越大，意味着获取的流量越多，后续的注册量、DAU 等数据也会相对较好，是评估 App 是否受欢迎的关键数据。

注册量：无论是在网站还是 App，已注册的用户才算有效的用户，注册量意味着某一产品拥有的属于自己的潜在流量（即留量），是产品增长的主要指标。

新用户占比：指某一拉新时间段内，通过注册/关注/预约等行为新增的用户量占总用户量的比例，是评估拉新效率的关键指标。

CAC（Customer Acquisition Cost，用户获取成本）：指每获取一个新用户（关注用户或注册用户）的花费，是拉新能力和某一渠道引流效果的重要衡量指标，成本越低，意味着拉新空间越大。其计算公式为：CAC=某一渠道的总花费/该渠道获取的新用户数量。

> **留存相关数据**

DAU/MAU：即日活跃用户数/月活跃用户数，指一个产品实际的用户规模，也是用来评估公域平台流量规模的核心数据。目前，DAU/MAU 过亿的产品即可视为流量巨头，也意味着其平台属性实现了从私域性向公域性的转变。

口留存率：一般观测时间为次日、第 7 日和第 14 日。计算公式为：日留存率=（第 x 天新增用户在第 n 天登录过的人数）/（第 x 天新增用户数），例如第 1 天新增 100 人，第 2 天有 20 人登录，那么次日留存率是 20（人）/100（人）=20%。

周留存率：一般观测时间为次周、第 3 周和第 4 周。计算公式为：周留存率=（第 x 周新增用户在第 n 周登录过的人数）/（第 x 周新增用户数），例如第 1 周新增 100 人，到了第 2 周有 15 人登录，那么周留存率是 15（人）/100（人）=15%。

月留存率：一般观测时间为次月、第 3 个月和第 4 个月。计算公式为：月留存率=（第 x 月新增用户在第 n 月登录过的人数）/（第 x 月新增用户数），例如第 1 月新增 100 人，第 2 个月有 5 人登录，那么月留存率是 5（人）/100（人）=5%。

> **转化相关数据**

付费用户数：即付费使用产品和服务的用户数量，是一个企业最核心的增长指标。付费用户数越多，意味着企业为用户创造的价值越多，也证明认同企业的用户越多，是企业盈利的基础。

付费率：某一活动期间付费人数占同时期拉新人数的比例，是评估产品转化能力的重要指标。其常用计算公式为：付费率=某一时段的付费用户数/同一时段的活动参与人数。例如某一产品通过发红包的方式拉新 100 人，其中有 50 人购买了会员，付费率就是 50（人）/100（人）=50%。

复购率：复购是已付费用户进行二次付费的行为，付费的对象可能是同一产品，也可能是其他产品。其常用计算公式为：复购率=二次以上付费用户数（包含第二次）/第一次付费用户数，复购率越高，说明产品的口碑越好。

营收：付费用户创造的收入总和就是产品的营收，具体包含用户第一次付费后创造的收入和复购后创造的收入，周期往往以一个月、一个季度及半年或一年计，如果企业单月营收达到一定数量（如 1 亿元），则意味着其商业模式初步成型。

ARPU（Average Revenue Per User，每用户平均收入）：指每个用户（往往指活跃用户）贡献的收入，是产品盈利能力的重要衡量指标，也用来检验某一渠道用户的质量。其常用计算公式为：ARPU=某一时期的总营收/某一时期的活跃用户数。

ROI：即投资回报率，指企业投资后收获的价值回报，对于运营和营销工作来说，指通过运营和营销活动创造的收入与投入的成本之间的比率，比率越高，活动效果越好。ROI常用于评估直接用于创造收入的拉新动作的效果，如渠道投放。其常用计算公式为：ROI=通过投放创造的收入/投放金额×100%。

> **裂变相关数据**

分享率：指在裂变活动中成功分享活动的用户数占总参与用户数的比例。计算公式为：分享率=分享成功用户数/总参与用户数。分享率越高，裂变效果越好。

邀请率：指在裂变活动中，成功邀请到新用户的用户数占总参与用户数的比例。计算公式为：邀请率=邀请成功用户数/总参与用户数。邀请率比分享率更能体现裂变的效果。

转介绍率：指通过裂变获得的新用户数占新用户总数的比例，是衡量裂变能力的核心指标之一。计算公式为：转介绍率=裂变新用户数/新用户总数。转介绍率越高，意味着企业的获客成本越低，增长能力越强。

"K 因子"：又名"病毒系数"，是衡量裂变活动传播能力的核心指标，具体指一个用户发起的邀请所能带来的用户数。计算公式为：
"K 因子"数值=用户发送邀请数×转化率。例如用户发送了 10 个邀请，转化率为 30%，那"K 因子"数值就是 10×30%=0.3。一般来说，"K 因子"数值大于 1，裂变活动才算有真正的自传播能力。

留量池数据的使用方法

我们在前面列举了留量池运营中常用的数据类型和名称，这些数据需要结合不同的数据运营策略去使用。以下三种数据分析方式，可以很好地帮助我们利用数据达成运营目标，优化运营细节，提升运营效果。

➢ 业务公式

业务公式也被称为业务杠杆，是对具体业务的数据化描述，适用于对关键指标的拆解，其能指导运营者借助运营手段提升其中一个或几个关键数据，从而达成目标。

业务公式其实并不复杂，难点在于如何对核心指标进行有效的拆解，一旦拆解的逻辑不对，就会让杠杆失去效用。

不同业务的公式是不同的，而同一业务不同环节的具体公式也是不同的。例如促活的目的是提升新用户留存率，那么促活的关键指标就是一段时间内的新用户留存率。例如 7 日新用户留存率的具体业务公式是"7 日新用户留存率=7 日后活跃用户数/新用户总量"，所以只要通过做活动等策略提升 7 日后的活跃用户数量即可。

> **漏斗模型**

漏斗模型是另一个运用数据指导运营工作的工具，常用于分析运营活动，优化整体流程。对于任意运营环节来说，其数据结构基本都遵循漏斗的形状，数据量从头到尾层层递减。通过分析层与层之间的差异即计算各级转化率，我们可以找到具体的问题所在，然后采取对应措施，优化或弥补整体流程。

以信息流广告的投放为例，第一层数据是展示量，第二层数据是点击量，第三层数据是注册量，第四层数据是购买量。在对相邻数据层进行比率计算时，如果发现展示量和点击量的差距过大，那很有可能是因为文案没切中用户痛点，即需要优化并准备多版文案进行测试，以此提升点击率。

当然，漏斗模型只是一种数据分析思维，并不是所有数据模型都要呈现漏斗状。例如，裂变活动从展示和点击到邀请、参与和报名，各环节的数据结构往往呈现哑铃状，但这并不影响我们用漏斗模型进行数据分析。

> **数据对比**

数据对比是一种非常有效的数据运营手段，能帮助我们从不同的角度发现问题的本质，其主要有三种对比方式，我们以留存率为例进行阐述。

第一种是对比历史数据，即把当前留存率与历史留存率进行对比。这种对比方法的优点是能让运营者更直观地看清产品发展趋势，发现数据的异常情况，缺点是无法说明当前的留存率是否处于健康值。即如果有一款 App 留存率一直较低，那么我们通过对比历史数据，也只能看到其发展趋势和异常，并不能为我们确定运营目标，更无法体现什么样的留存率于对其的整体发展来说是良性的。

第二种是对比行业数据，即将自有产品的留存率与行业内竞品的留存率进行对比。这种对比方法的优点是能让运营者明确自己与行业平均水平的差距，缺点是行业内其他产品的数据较难获得，且就算获得，也难以得知这些数据的统计口径。

如果能拿到较为精准的行业内竞品数据，就可以使用竞品分析法和头部分析法进行数据分析。在使用竞品分析法时，首先要确定竞品对象，通过对比日、周、月留存率，找到自身产品与竞品间的差距，然后再调研对方做了哪些运营动作，最后结合自身情况加以借鉴。此外，我们还应密切关注行业内的头部产品，所以适时使用头部分析法也很有必要。头部分析法的使用方式与竞品分析法类似，能让运营者看清行业趋势，从而更好地布局中长期产品战略。

第三种是对比产品绩效。每个公司都会给自己的产品定目标，有月度、季度及半年度等的短期目标，也有 1 年、3 年及 5 年等的长期目标。要判断一个目标是否有意义，首先要判断其是否具备可衡量性。如以下两种留存率目标：这个月要提升新用户 30 天的留存率；这个月要提升新用户 30 天的留存率至 25%。

我们可以看到第二个目标中有一个数据可以作为目标实现情况的衡量标准。在实际业务场景中，公司管理层会和数据分析师一起根据产品的历史数据和当前情况，核算一个可实现的留存率目标。我们在对比产品绩效时，将目前的留存数据与目标留存数据进行对比即可。

综上所述，在留量池的运营过程中，对数据进行合理分析，并从中抽丝剥茧、发现问题，是做好运营工作的关键，也是运营者必须具备的能力。

如何规划运营活动

能否规划并落地一场活动，是评估一个运营者是否具备运营能力的基本标准之一，而活动本身则是运营留量池的核心手段之一，从拉新到转化，每一个环节都离不开活动。如果以拉新、促活、留存、转化和裂变作为业务目标，那么帮助运营者达成业务目标的一切具体运营手段都是活动。

所以，我们有必要对各种活动进行分类梳理。

活动的分类

我们可以从运营目的和常用手段这两个维度对活动类型进行划分。

> ➤ **按运营目的划分**

对于留量池来说，运营的目的就是达成 AARRR 模型里各个环节的指标，而对于活动来说，真正需要关注的运营目的只有三个，分别是拉新、留存和转化。

以拉新为目的的活动，实际上是以新用户需求为核心进行设计的，可以用在固定的渠道，也可以用在特定的种子用户身上，更可以通过被分享达到吸引新用户的目的。

拉新活动的要点在于如何找准新用户的需求，以及如何让分享的内容变得更加具有吸引力，我们提到过的拼多多的"新人红包"，就是典型的拉新活动。

以留存为目的的活动同样也要关注用户需求，但针对的不是新用户，而是沉睡用户和一直活跃的老用户，所以如何分别去召回和维护这些用户，才是此类活动要解决的根本问题。沉睡用户的召回手段多以诱惑力强的福利性活动为主，如高中奖率的抽奖活动和大额度的优惠券发放，这种强刺激性手段可以有效激活沉睡用户，从而使他们重新使用产品。同理，老用户的维护手段也以福利活动为主，但他们更看重产品的优化和服务的提升，所以以产品和服务为基础的福利活动更能增强老用户的黏性。

至于以转化为目的的活动，其基本逻辑与前两类活动相似，也是通过具体策略去满足用户需求，但在此基础上增加了一点难度，即让用户下单，而下单的诱因，就是优惠活动。

接下来我们以教育培训产品的续报（继续报名，以下简称续报）为例，介绍一下如何分别针对新用户和老用户设计优惠活动，具体有四个原则。

第一，要分别给予新、老用户优惠。一般原则是给予老用户的优惠多于新用户，并且老用户的优惠期要提前于新用户。笔者曾经对K12 课程的续报优惠做过调研，通常的优惠折扣为 9.2~9.5 折，发放优惠券时多设置阶梯和使用门槛，且优惠券面额在 20~200 元之间。

第二，续报时可以增加拓科优惠，即在已报名的科目上增报科目可享受更多优惠。通常有两种形式，不同科不同优惠和多科联报优惠，一般后者的使用概率较大。

第三，转介绍优惠是续报的另一个要点，一般是由老用户邀请新用户报名，双方保持相同的优惠力度，而老用户的优惠额度可叠加使用。

第四，优惠活动的主要形式为打折和发券，其中发券有很多形式可以使用，如砸金蛋、开宝箱、拆红包等，借此可增加优惠活动的趣味性，提升老用户的参与率。

某线下教育机构的产品续报活动，基本就是按照上述原则设计的。即老用户续报优惠期比新用户提前四天，优惠额度高出 50%；增报新科目，可获得高达四位数的优惠额度；暑期课和秋季课联报，可享有额外优惠额度；多科联报，优惠额度翻倍等。

> ➤ **按常用手段划分**

常规的活动手段是非常丰富的，如发红包、抽奖、促销、竞猜、投票等，这里笔者将其做一个大致的归类。

第一类是随机福利形式的活动，属于非常经典且基本的活动形式。这一类活动主要有两个经典形式：发红包和抽奖。

红包形式的活动玩法非常丰富，如"摇一摇红包""集五福红包""红包雨""答题红包""定制红包""助力红包"等。在设计红包形式的活动时，需要注意以下两点。

● **红包领取门槛**：可以是一系列的活动，如"答题+直播+邀请"，也可以是一个具有挑战性的任务，如支付宝经典的"集五福"，具体形式本着有趣、互动性强的原则设计即可。

● **红包内容**：可以是现金和课程优惠券，也可以是兑换奖励用的积分和金币，具体形式可以根据有助于实现流量利用最大化的原则来设计。

而抽奖形式的活动玩法则比红包形式简单得多，其中除了红包这一种奖项，还包括实物奖品、产品权益、虚拟课程等，常见玩法有"锦鲤抽奖""大转盘抽奖""抽奖机抽奖""拆箱抽奖""砸金蛋抽奖""掷骰子抽奖"等。在设计抽奖活动时，需要注意以下三点。

● **奖品的价值和丰富性**：越稀缺的奖品越具有吸引力，越有价值的奖品越具有诱惑力，奖品的种类越多越能激发用户的参与欲望。

- **奖品抽中的概率要合理**：基本原则为价值越高的奖品被抽中的概率越低，价值越低的奖品被抽中的概率越高，这一点可以通过给不同的奖品设置不同的中奖人数来解决。

- **设计能提升用户抽奖频率的抽奖机制**：具体手段为增加抽奖活动次数和组建抽奖团队，这两者都可以通过裂变来实现，典型案例为微信读书的"组队赢月卡"。

第二类是促销形式的活动，这类活动的目的是借用用户想要省钱的心理促进用户转化，提升销售额。促销形式的活动一般有三种形式：打折、抵扣和返利。

打折就是直接降价，即直接让出一部分利润给消费者。如天猫"双11"就是通过最初的"品牌货源，全场五折"的口号，缔造了电商行业的一大年度盛事，也让每年一次的"剁手"成为大部分中国人的习惯。打折活动最经典的玩法是"秒杀"，即限时限量发售产品，非常适合在节日、店庆等活动中使用，且经常作为组合活动中的主要类型被推出。此外，拼团和砍价也属于打折型促销活动，拉新和转化功能兼具，其最常见的活动形式是将一些商品排列组合，组成一个活动专场进行销售。

抵扣则是让用户凭借某一凭证抵消产品一部分价格的活动玩法，从而增强其付费意愿。凭证的类型有很多，如优惠券、优惠码和会员卡等，其中优惠券是最常被使用的，具体玩法可以参考红包玩法。

返利的逻辑相对简单，即用户购买产品后商家返还一定比例的金额，可以返给购买产品的人，也可以返给其他人，而返还的东西除了现金，还可以是优惠券、小礼品等。返利型促销活动的基本玩法与打折和抵扣是一致的，都是将商品集中摆放、集中售卖并集中推广，如果某单品的引流属性较强，则可以采用分销的形式独立运作。如2018年的"网易戏精课""新世相营销课"等知识付费产品就利用分销模式进行了大规模发售，只要包装设计到位、质量有保证，很快就能实现销量的翻倍增长，同时还能吸引到大量新用户，做到拉新和转化两不误。

第三类是互动形式的活动，往往兼顾拉新和促活的功能，是最能体现游戏化思维的活动类型。常用的具体玩法有比赛、闯关和对战三种。

比赛玩法的基本流程是，先进行全员招募，再设定一系列任务和考核环节，最后通过比赛对参赛者进行评选。比赛形式的活动非常容易引起围观，再加上参赛者大多竞争意识较强，所以围观者很容易被竞争氛围所感染，进而投入精力去关注参赛者并为之加油，甚至愿意发动周围的人前来助阵。所以，比赛是拉新属性很强的活动玩法，很多选秀节目能火爆起来也是基于这种逻辑。很多企业都喜欢以某种名义或借某个节日为用户举办比赛，并让用户参与拉票，如常见的征文大赛、歌唱大赛、笔记大赛等。这样的活动既能给老用户带来荣誉感，又能激发新用户的参与热情，是非常有价值的活动类型。

闯关是另一种常见的玩法，逻辑也十分简单，就是以某一种互动形式为基础设计任务难度层层升级的游戏晋升机制。在闯关类活动中，用户每闯过一关都会获得一定的成就感，随着游戏难度的增加，用户的成就感也会越来越高，从而持续推动其前进。有的闯关活动还会设置一些荣誉称号和等级，以荣誉感为诱饵提升用户动力，甚至还会给用户生成个性化描述，激发用户的传播欲望。网易出品的各种测试型H5，谷歌推出的小程序"猜画小歌"，2019年天猫在"双十一"期间推出的"开喵铺"，都是典型的闯关类活动玩法。

对战是竞争性较强的一种玩法，往往强调一个核心概念——对抗，也就是直接进行 PK，参与对战的用户可以以个人为单位，也可以以团队为单位。个人对战活动的最典型玩法是答题，有有奖问答、直播抢答等模式，其中的直播抢答模式，曾一度风靡全网。在有一年春节期间，字节跳动旗下所有的 App 都采用这一模式进行用户拉新，新世相也快速跟进，开发出了微信生态中首个基于这一模式的产品——"百万黄金屋"。团队对战活动则更加激烈，每年的大型营销节点如"双十一"、春节等，各大互联网公司都会推出的一个活动就是组队分奖金，模式多以答题为主，最后由总积分多的一方瓜分全部奖金。当然，活动模式不仅限于答题，还可以使用打卡、"盖楼"等模式。2019 年，天猫在"双十一"期间除了推出"开喵铺"的玩法，还设计了"盖楼"挑战，规则很简单，用户邀请好友加入战队助力"盖楼"，只要战队最终"楼层"多于对手的"楼层"，就可以收获团队奖励。这一活动吸引了大量用户参与，成为当时唯一能和拼多多的"天天领现金"相抗衡的活动。

活动的策划逻辑

➤ "三段论"

在了解了活动的分类和具体玩法后，我们就应该了解如何设计并落地一场活动，笔者梳理了一套系统的活动策划流程，一共有三个步骤，笔者称其为"三段论"。

✦ 设目标

策划活动的第一步是明确活动目标，包含三个具体层面。

一是商业目标，即设计该活动是为了实现什么商业目的，或是为了解决什么商业问题。对于留量池来说，活动的商业目标只有三个，拉新、留存和变现，具体包括 App 的下载、注册和付费，公众号粉丝的增长，社群规模的扩大和留存，产品的复购等。

二是用户目标，即设计该活动是为了解决或满足用户的什么需求。用户目标是活动主题被确立的直接依据，要经过用户调研、竞品分析和市场观察才能确立。例如，"双十一"之所以诞生，就是因为年底的时候商家要清仓，用户要消费，而"双十一"正好满足了双方的需求。再如教育行业经常举行的招生讲座活动，讲座的主题都是根据用户在教育上的痛点和难点设计的，像升学类的中考规划讲座、"小升初"的备战讲座等，基本一开通报名就能满员。

三是活动指标，即该活动具体需要达成的数据任务，如活动参与人数、活动拉新人数、活动转化人数、活动参与率、活动拉新率及活动转化率等。

对于活动策划者来说，确认活动目标可以保证活动在策划阶段不偏离正轨，也能保证活动能较大概率地达到预期效果。

✧　定路径

活动策划的第二步是设计活动路径，一般的活动路径为：推广→吸引→激活→传播→转化。

第一步是推广，指在各大渠道进行活动宣传，需要考虑目标用户所处的位置和该位置的流量规模，推广渠道越精准越好，流量规模越大越好，App 的开屏广告位、网站的首页轮播位、微信群及朋友圈为首选。

第二步是吸引，指通过文字、图片、视频等内容形式吸引目标用户参与活动。这一步的核心是打磨活动文案、优化视觉设计及理清信息逻辑，文案描述越能击中人心、视觉设计越能抓人眼球，越能保证活动的参与效果。

第三步是激活，即通过运营手段引导或提醒用户持续参与活动的各个环节，提升用户的活跃度，增加用户黏性，为活动的传播和转化做铺垫。

第四步是传播，通过前三步只能吸引一小部分用户参与任务，要想更多的人参与活动，就需要依靠已参加的用户进行活动分享和传播。依靠用户进行传播，有被动传播和主动传播两种传播方式，被动传播

需要依靠裂变机制进行，主动传播则可以参考三个方法，即寻找 KOL
（Key Opinion Leader，关键意见领袖）、制造口号和借助社群。

第五步是转化，实际包含两个层面，一个是引导用户进入长期微
信群或其他留量池；另一个是通过售卖核心产品，直接创造收入，筛
选出真正的目标用户。

大部分活动都会遵循这五个步骤来设计，这实际上也是给予用户
核心体验的关键。

❖　找资源

活动策划的第三步是寻找和准备做活动所需的资源，这是最重要
的细节之一，一个活动的效果九成以上取决于此。活动资源主要包含
四个方面。

一是内容，包括文案、图片、音（视）频等。具体来说，文案包
括宣传术语、运营术语、规则说明、落地页信息、产品信息等，图片
包括宣传海报、轮播图、文章配图、专栏图等，音（视）频包括宣传
类音（视）频、课程类音（视）频等。

二是奖励，包括实体奖励和虚拟奖励。不同类型和不同领域的活
动，设置的奖励是不同的。教育类活动以送图书和课程居多，品牌类
活动更愿意赠送自制周边，会员活动常赠送产品的限时免费体验权益，
电商类活动则赠送高价礼品甚至现金。

三是渠道，包含两类。一类是自有渠道，如微信群、QQ 群、公
众号、朋友圈、微博账号、抖音账号等；另一类是商务渠道，如其他

企业渠道、KOL 渠道、流量平台渠道等。

四是人员，这是保证活动落地的核心要素。主办方需要根据活动方案寻找相应人员并进行分工，通常来说，活动所需人员主要包括负责活动整体策划并推进落地的策划人员，执行活动方案的运营人员，保障活动不出现技术故障的产品研发人员，以及为活动增加影响力的嘉宾或 KOL 等。

> **"三段论"的应用**

为了便于读者理解，笔者以"21 天打卡"活动为例，为大家立体呈现这三个步骤。

首先是活动目标。"21 天打卡"活动的商业目标为活跃老用户和获取新用户；用户目标为利用一段具体的时间集中训练老用户；活动指标为提升打卡活动的参与人数和打卡率。

其次是活动路径。"21 天打卡"的基本路径为：公众号发文宣传→用户扫码进群→用户通过小程序报名参与→每天在群内和公众号提醒用户打卡→用户每天完成题目练习→用户每天分享打卡日签图→用户完成最后一天打卡→为用户颁发打卡奖励。

最后是活动资源。根据以上路径可以得知，该活动需要如下几类资源支持。

● **内容类资源**：主要为公众号软文、打卡活动简介、群运营术语、宣传海报、打卡日签图、打卡内容配图、每日打卡题目等。

- **奖励类资源**：在 21 天的打卡活动结束后，根据积分、打卡天数、成绩等综合表现评选出前十名用户，并分别为第一名、第二至四名、后六名发放不同价值的奖励，奖励以实体奖品为宜。

- **渠道类资源**：主要为公众号、微信群和朋友圈。

- **人力资源**：包括公众号运营者、微信群运营者和教研人员。其中公众号运营者负责软文撰写，微信群运营者负责用户引导和用户答疑，教研人员负责提供打卡题目。

此外，活动的落地还需要具体的人员分工、时间安排和标准化执行，其与活动策划的三个步骤一起组成完整的活动方案。值得注意的是，活动结束后一定要对其进行复盘，找出其中的问题并提出改进方案，借此指导下一场相同或类似的活动，使之后的活动逐渐达到预期效果。

如何打造私域流量运营体系

私域流量是 2019 年最火的互联网关键词之一，其本质在本书的第一章中已有所阐述，之所以要在本章独立成节，是因为在大多数情况下，私域流量运营的核心是微信个人号的运营，这是另一个较为系统的运营体系。

在微信这个最大的流量池里，公众号、微信群、朋友圈和小程序的运营都是围绕微信个人号展开的，可以说以上四个工具就是微信个人号的"辅助工具"，能帮助个人号实现拉新、留存和转化。

接下来我们就详细叙述微信个人号的运营策略。

账号搭建

微信个人号运营的第一步是打造一个高质量的账号，其既不同于我们日常使用的私人账号，也不同于那些随处可见、一眼就能被认出的广告账号。

要想搭建出这样的账号，需要注意两个关键点，即"人设"打造和朋友圈建设。

➢ "人设"打造

所谓"人设"打造，就是把你的微信个人号塑造成一个具有辨识度的账号，即让添加你微信的好友能一眼看出你的"功能"，这样当他有需求时才会想到你。

微信个人号有这几个能够体现"人设"的要素：昵称、签名、头像和朋友圈背景墙，经常运营个人号的人将它们称为"四件套"。"四件套"的核心设计原则是围绕统某一"人设"进行内容填充。以《爆款文案》作者关健明的微信个人号为例，其头像是个人照，昵称为"关键先生"，在签名中体现了所著畅销图书和所擅长领域，朋友圈背景墙则是由前三个信息组合成的大图，整体看起来非常和谐。

而从事在线教育的微信个人号则可以为自己打造专家"人设"，如升学专家、家庭教育顾问等，从而把微信个人号做成专业型 KOC 账号，具体可按如下方法进行设计。

- **昵称**：结构为"机构名+某某老师/真实姓名"，如新东方小何老师。

- **签名**：精简履历，如"专注物理教学 10 年，帮孩子规避学习难点"；或在签名中传递情怀，如"让孩子爱上学习是最大的教学动力"。

- **头像**：尽量使用职业照或生活照，避免使用机构的标志，但可以用代表企业的卡通形象。

- **朋友圈背景墙**：可以是图片形式的个人介绍，以突出专业履历，传达企业属性；还可以是引导好友观看朋友圈内容的图片形式的指引。

> **朋友圈建设**

对于微信个人号来讲，朋友圈具有很大的价值，好的朋友圈内容能加速好友对你的信任。99%的人添加好友后的第一个动作，就是翻看对方的朋友圈，甚至会借此判断对方是什么样的人，可见朋友圈建设的重要性。

很多以企业增长为运营目的的微信号，朋友圈多为与企业相关的内容，有的甚至是"货架广告"，这样的朋友圈其实是没有太大价值的。

好的朋友圈一定要能帮助到别人，即对方有相关问题时，翻看你的朋友圈就可以找到解决方法，就算不能完全解决，也要能给予其一定的启发。例如完美日记的微信个人号朋友圈就很有章法，其既有产品又有内容，再加上具备亲和力的昵称和签名，能显著增强用户信任，最大限度地发挥 KOC 的作用。

关于朋友圈的内容类型，可以对以下三种进行合理使用和选择。

- **干货**：即所在领域的干货知识，可以是图片、文字、文章、小视频等多种形式。

- **鸡汤**：多为饱含正能量的引导故事或金句，同时搭配表情包或日签海报使用。

- **测评**：主要为与所处领域相关的实用性产品的推荐内容，可以推荐自家产品，也可以推荐别家产品。

有一点需要注意，因为微信相当于一个熟人社交圈，所以越生活化的个人号越容易给人带来亲切感，越不容易发生好友流失。

内容运营

对于微信个人号的引流和留存来说，好的内容能起到决定性的作用，尤其是普通人"人设"的微信个人号，在没有权威背书的情况下，最好的运营方法就是提供有价值的、符合刚需的内容。

明确目标用户需求是最重要的前期工作之一，而在明确用户需求并据此确定内容创作方向之后，就可以开始按部就班地搜集内容。

搜集内容最主要的一个方式是全网搜索。即尽可能详尽地罗列出该领域内容的关键词，然后依次在百度、微信、搜狗等平台搜索查找相关内容。

另一种寻找方式是入驻多个相关的论坛、小众公众号、付费社群、"知识星球"等，并选择下载里面的内容。当然，如果你有相应的创作功底或内容团队，就优先自己创作，因为这将成为你的核心壁垒。

找到内容后，我们要对内容进行归类整理，便于之后频繁地查找并持续地使用。不同领域的内容的分类标准是不一样的，但基本原则有两条。

● 分类要细致明确，对每一类及每个子类的内容都要建立单独的文件夹，并统一命名规则，便于今后搜索查找。

● 对内容的使用时间、用途和使用频次进行合理安排，最好制作排期表，以避免内容混用。

寻找种子用户

在建立微信个人号的时候，我们要在前期储备一批好友，并与其保持充分的互动。准备期结束后，就要开始寻找真正的种子用户，为后续的拉新和转化做用户资源储备。

实际上，任何渠道的流量都可以作为微信个人号的用户来源，这里我们重点介绍微信群的寻找方式，因为微信群是最便捷的加人渠道，比从微信外部引流更快速、更直接。

➤ 从公众号寻找

正常的公众号都会有进群的入口，一般都放置在菜单栏。也有可能在菜单栏留下微信个人号，等你添加好友后就会拉你进群。

➤ 利用微信搜索或搜索引擎寻找

在微信中或百度、搜狗等搜索引擎中直接搜索与微信群有关的关键词或与活动有关的关键词，你会发现很多相关页面中都带有进群二维码或个人号二维码，我们只需要根据需求加以筛选然后申请进入或添加即可。

➤ 主动进入付费社群或"知识星球"

付费社群的用户质量和活跃度都高于免费社群，如果想要寻找精准的种子用户，付费社群或"知识星球"等付费用户集群是绝对的首选。

➤ 参加竞品的活动或课程

任何企业在做活动前都会建立活动群，任何知识付费和教育培训公司在卖课程时都会建立服务群，你要做的就是加入这些群。

进群之后，就要想办法添加好友。最有效的方式有两个，一个是和群主沟通请他为你做推荐，另一个是主动活跃气氛，通过在群内发红包、发资料、发表观点等手段，实现被动添加。

引导"老带新"

在微信个人号累积了第一批种子用户后，就要开始对其进行维护。这里我们重点讲解如何利用种子用户扩增好友数量，也就是"老带新"。

微信生态的"老带新"的玩法有很多，公众号裂变、微信群裂变和小程序裂变都可以给个人号导流，而基于个人号的"老带新"玩法一般有两种路径。

- **引导分享**：添加好友→为好友提供海报和分享文案→要求好友分享并截图→好友回复截图→添加新好友。

- **助力邀请**：添加好友→好友通过回复邀请码获取海报和分享文案→好友完成规定邀请任务→添加新好友。

完成以上路径后，就可以针对用户进行建群，而建群的目的也很简单，即集中运营种子用户并引导其邀请新用户，提升"老带新"效率。其涉及的群运营玩法很多，核心逻辑是"统一共识+价值激励"。

- **统一共识**：强调群的目的性，即明确群成员聚在一起的共同目的，这样有助于群成员进行统一行动。

- **价值激励**：告知群成员完成分享任务即可获得收益。也可以通过设计竞争机制引发群成员的群体性传播，从而制造更大规模的裂变。

而朋友圈作为微信个人号传播的主阵地，更要采用合适的方式进行引流层面的运营，才能将微信个人号的势能持续放大。毕竟在微信的 10 亿用户中，有 7.5 亿用户每天都会浏览朋友圈。

接下来我们分享如何利用一种非常原始的玩法——集赞，给个人号引流。

首先请思考一个问题：为什么会有人给你的朋友圈内容点赞？大部分人可能会说，因为对方是自己的是朋友或亲人，所以会出于社交信任给自己点赞。这个想法是对的，但并非全部的原因。你的好友不会给你发的所有朋友圈内容点赞，只有你发的内容能让好友产生认同感，对方才会发自内心给你点赞，这正是朋友圈集赞玩法的底层逻辑，而这种基于认同感进行内容传播的玩法，有一个正式的名字——众筹。朋友圈集赞就属于较早的众筹玩法，我们在其他章节分析的砍价、助力、解锁、集卡等玩法均源于此。

那什么样的内容能获得好友的认同呢？这就取决于好友的状态和关注点。例如，一位家长发了一张孩子认真学习的照片，并配上孩子的考试成绩，同为家长的好友就有可能点赞，因为他认同对方孩子的表现，并希望自己的孩子也能如此，这就是一种对学习和教育的认同感。再如，我们总能看到有人转发课程海报求助集赞，然后承诺把学到的内容做成笔记分享给点赞的人，这种内容一般也会有较多好友点赞，原因是点赞的人认同他的行为，并考虑到自己也会受益。

其实集赞能显著增加用户所分享内容的曝光时间，商家要求集的赞越多，内容曝光的时间就越长，且一般要求集赞的内容都附带二维码，再搭配吸引人的文案，就能在集赞的时间段内实现精准引流。

所以，朋友圈集赞的底层逻辑就是众筹，即"人人帮我"，而实现众筹的前提是社交信任，这是一切传播式引流玩法的基础。

接下来我们来分析通过朋友圈集赞进行引流的两种玩法。

第一种是由发起者号召用户转发海报和文案到朋友圈集赞，然后把不同量级的赞数和不同价值的奖品挂钩，目的是进一步增加内容的曝光时间。在此期间，用户分享的内容会实现引流，流量入口往往是微信个人号或公众号，新用户在关注账号后会收到参与集赞活动的提醒，至此，流量闭环基本形成。而老用户在达到集赞要求后将截图发给发起者，即可领取奖励。笔者所在的教育行业有很多机构都用这种方式进行获客，多借助热点型节日或高福利活动进行裂变传播，活动效果可圈可点。

在这种集赞引流路径里，有两个核心的运营点需要特别关注。

* 发动有 KOL 属性的老用户分享内容，以此助推活动，壮大声势。

* 集赞的内容要有足够的吸引力，只有满足用户的需求和期待，才能激发新用户的传播。

通过朋友圈集赞进行引流的第二种玩法，操作成本相对较高，但所引流量的精准度和质量也相对较高，笔者以一个例子来说明。组织者在线下发起一个朋友圈评比活动，参加活动的都是来自线下的家长用户，组织者为每个孩子拍一张笑脸照片，然后让家长找好友为自己的孩子拉票，拉票方法是请好友去组织者的朋友圈为自己孩子的照片点赞，点赞数最多的照片，其照片主人能获得奖励。这个流程并不复杂，关键点是用户好友要添加组织者的微信才能完成点赞，即参加评比的用户通过分享组织者的微信个人号为组织者进行引流。

据说，收获点赞最多的那张照片为组织者带来了 100 多位精准好友。通过这种方法，只需举行十几场活动，一个微信个人号就能快速加满好友，然后只要对其进行精细化运营，就可以产生很高的用户转化率与留存率。

当然，每种玩法都有一定的局限性，例如第二种玩法，其更适用于单价较高的产品，因为高单价产品的运营更需要重视用户留存。

精准销售

微信个人号运营的终极目的是最大限度提升用户转化率和复购率，而销售是构成微信个人号运营体系的关键一环，对此笔者总结了两个精准销售策略。

> ➤ **分层转化**

即对所有好友进行标签化管理，根据来源渠道、沟通频次、是否进群、是否付费等多个维度对其进行分层，等级高的优先转化，等级低的引导进入长期流量池进行培养。具体的转化方式需要根据好友的实际情况来设计，而长期流量池则完全可以由个人号矩阵代替，即搭建流量号、活动号和成交号，三者的用户精准度依次提高。

> ➤ "剧本"营销

在微信中，朋友圈内容的浏览率是最高的，通过朋友圈进行营销是一种很有效的营销方式，而基于此产生的营销方法叫作"剧本"营销，底层逻辑是根据用户心理提前设计营销环节，具体步骤如下。

- **产品预热**：提前制造悬念，其中倒计时海报和吊人胃口的文案是基本配置。

- **互动造势**：发起抽奖、集赞等互动活动，用户参与活动的前提是传播活动内容，借此扩大活动声势。

- **欲望强化**：在朋友圈发布付费用户的产品好评截图和使用效果图，提升产品可信度和用户期待。

- **限量预售**：限时开启产品限量预售入口，激励第一批意向用户实现转化。

- **权威推荐**：展示购买产品的重量级客户，往往是某领域的意见领袖，此举的目的还是提升用户转化率。

- **价值赠予**：在正式发售产品前开启社群促销，活动时间一般为 1～3 天。

- **引导购买**：在正式发售环节依旧使用限时、限量销售等策略，同时搭配新的优惠措施，确保最大限度转化意向用户。

企业微信

搭建以微信个人号为中心的运营体系，已经逐渐成为企业维护微信留量池的核心手段，而另一个产品的横空出世更彰显了微信 To B（To business，针对企业）的野心，那就是企业微信。

企业微信，顾名思义就是针对企业提供的社交产品，对标的产品是阿里巴巴的钉钉，后者已经成为很多企业的办公软件。而随着私域流量概念的走红，企业微信也逐渐被外界所重视，原因是其接连更新了大量功能，这对于微信流量的运营产生了巨大的影响。

2019 年年底，企业微信发布 3.0 版本，这被认为是其非常重要的一次更新。最核心的变化之一是其全面连接了微信功能，即把企业微信与微信个人号、朋友圈及微信群三大微信流量场景全面打通，这意味着一个更强大的私域流量运营工具出现了。

其在微信个人号方面具备以下特点。

- 可以被动添加微信好友，并且瞬间通过好友请求。

- 好友数量没有上限，到 4000 个好友时系统会自动提醒扩容。

- 可以设置自动回复与快捷回复，可一键群发"图片+文字"消息。

其在社群方面具备以下特点。

- 可建立客户群，但上限是 100 人，与微信群的 500 人上限相比尚有提升空间。

- 可在客户群内设置欢迎语并设置自动发送。

- 如有管理员离职可将客户群进行重新分配，不会造成客户流失。

- 有数据统计功能，可随时查看客户群运营情况。

此外，企业微信在朋友圈层面也做了尝试，企业可以通过企业微信发布内容到客户的朋友圈，让对方随时了解产品活动信息，以此促进客户转化。

持续迭代中的企业微信能帮助企业更加高效地运营私域流量，并大大提升其安全性和运营效率，值得每一位运营者关注。

如何撰写高转化率文案

文案写作能力，是运营人必备的基本能力之一。

我们时常能看到一张海报吸引十万流量、一篇软文卖货千万的例子，虽然有些听上去比较夸大其词，但却说明一篇好的文案足以使拉新和变现的效果翻倍。尤其在如公众号、朋友圈等渠道，好的文案和普通文案带给企业的收益绝对有天壤之别。

一般运营人员最常用到的文案类型主要有两种，一种是产品文案，一种是转化软文，接下来我们分别介绍这两种文案的写法。

产品文案

如果你细心观察朋友圈和微信群中的产品文案，一定会发现它们是有一定规律的。这是因为文案写作的背后是对用户心理的洞察，只要掌握了用户的心理，并在写作上稍加训练，就可以写出击中人心的文案。让用户看到就愿意行动的文案类型有四种，分别是痛点型、权威型、获得型和速成型。

➤ 痛点型

所谓痛点型文案，就是通过一个形象的描述来指出部分用户的问题，这个问题就是痛点。

痛点是用户最深层且最真实的需求，但这种需求用户有时候是感觉不到的，而形象的描述可以让用户产生压力，直面自己的恐惧，但仅仅指出痛点还不够，还需要提出一个解决方案，借此给用户带来安全感，从而使其对产品产生信任，付出行动。

所以，痛点型文案的结构是"形象的问题描述+解决方案"。有书有一条文案是"你有多久没读完一本书了"，很多人看到这条文案时心里都会"咯噔"一下，想到身边的人都在学习和进步，自己却出于某些原因止步不前，此时再看到"立即加入共读计划"的引导语，可能就会毫不犹豫地扫码或点击。以下是另外两条典型的痛点型文案："你有多久没有好好学英语了""作业五分钟，游戏两小时——这样的孩子怎么改变"。

对于痛点型文案的撰写，有三点需要注意。第一是场景化，也就是要让用户感觉自己身临其境；第二是指出的痛点带来的"痛感"不能太强或太弱，要适中；第三是解决方案要靠谱，要和痛点直接相关。如果把握不好这三点，你的文案就很难达到预期的效果。

> ➤ **权威型**

权威型文案指以知名的品牌、企业和组织，或有影响力的大咖为噱头吸引用户，借此降低用户的决策成本，增强用户信任度，然后再引出要分享的内容，这个内容可以是痛点，也可以是热点，还可以是常规内容。

所以，权威型文案的结构是"知名品牌或吸睛头衔+分享内容"。 十点读书就经常使用权威型文案推广课程，像"哈佛学霸的超实用学习法""北大妈妈给孩子的诗词课"等文案，都是以哈佛、北大等名校作为亮点，消除家长内心的疑虑，再以学习法、诗词课等真实存在的需求，吸引重视教育的家长做出决策。

所以，如果你的产品包含权威属性，就可以使用这种文案，但前提是权威属性要真实，课程内容要物有所值，否则很容易为产品带来负面口碑。

> ➤ **获得型**

获得型文案是目前应用较多的一种文案类型。人的获得感一般表现在三个方面，身体、心理及财富。像增高、减肥等带来的就是身体上的获得感，而心情放松、摆脱焦虑等带来的就是心理上的获得感，至于财富上的获得感就和金钱及物质相关了。

所以获得型文案的结构是"产品名+身体获得／心理获得／财富获得"。

在运用这个结构时，"产品名+财富获得"一定是首选，但如果使用过于频繁，很容易让用户觉得不切实际，而选择"产品名+心理获得"的结构则可以避免这一点。以下这些十点读书的课程文案，就是典型的获得型文案："揭开情绪的真相，把握关系中的主动权""家的空间管理术，让你的房子越住越大""越玩越聪明的数独课，让孩子在游戏中成为学霸""练就好声音，让你的话好听、耐听、爱听"，其中的让房子扩容、把握关系主动权、让孩子成为学霸等描述，很容易让用户的心理需求得到安慰和满足。

> ➤ **速成型**

速成型文案指的是能满足人的求快心理的文案类型，即让用户知道使用某个产品可以快速见效。一般情况下，速效产品必然会被用户优先选择。所以，**速成型文案的结构是"使用产品所耗费时间+呈现**

效果"。

速成型的文案多用于教育培训和知识付费领域，因为学习是最需要花时间的。像十点读书这种有名的知识付费玩家，其课程文案就多属于速成型的，我们从它的课程文案就可见一斑，如"每天 15 分钟，21 天带你写出一手漂亮好字""30 天打造让普通人受益终身的高效行动力""脱颖而出，12 堂让孩子更自信的语言表达课"等。

产品软文

关于产品软文的写作，不同类型产品的切入点不同，但写作的逻辑是相同的。笔者将产品软文的写作思路分为两个部分，即软文写作的六种选题和四个步骤，接下来以在线教育产品为例对其进行阐述。

> ### ➤ 产品软文的六种选题

> ### ✧ 明星热点类

很多自媒体运营者每天必做的一件事就是打开微博、知乎等 App 去看今天有哪些热搜事件和热评，并判断其与自家产品的定位是否相符，确认后便将其作为选题进行文章创作，借此提升文章曝光率。

笔者曾经在做教育自媒体时偶尔也会追热点，但总觉得明星热点的娱乐性太强，和教育的严肃性不搭边，直到后来看到一些自媒体的软文以明星热点为切入点，实现了教育产品的大规模销售，笔者才改变了这一想法。

很多常见的带娃明星如黄磊、孙俪、刘涛、海清等，经常会在家庭剧或亲子综艺节目中亮相，此类节目的受众和教育产品用户的重叠度很高。以下就是两个典型的和明星热点相关的选题：《刘恺威和小糯米又上热搜，杨幂不能再陪小糯米了》《吴尊晒女儿成绩单震惊网友，2 年级就会这个》。

就笔者经验而言，和明星热点有关的选题的阅读量会比普通选题高出三倍，可见这类选题的威力。

✧　政策解读类

这是教育领域中另一种受欢迎的选题，很多通过公众号招生的教育公司都是先从这一类选题入手的，且目前很多对外投放的教育产品软文也是以政策解读为主，如《九年义务教育大变动!再不重视这科，你家孩子以后真的要吃大亏》《2019 年高考数学难度加大，未来几年，这门课将成为中高考决胜关键》等就是典型的政策解读类选题。对于这类选题，一、二线城市的用户虽然会关注，但对其具有一定的"免疫性"，三、四线城市的用户则会对其更为敏感。所以在面对不同人群时，文案写作的策略是不同的，标题优化方向也不尽相同。

✧　励志故事类

大部分用户都喜欢听励志或传奇的人生经历，尤其对于下沉用户来说，"学霸""神童""高分"等字眼十分具有诱惑力，例如《一位考 745 分的清华学霸，给中国家长的一大忠告，越早知道 越好》和《15 岁神童高考成绩 667 分:所有的高分学霸都有这些特质》这两个选题，第一个是以清华这个对于大多数家庭都极具吸引力的升学目标来吸引用户阅读，第二个则用"高分""学霸特质"等关键词激发用户的好奇心。

❖ 行为习惯类

这一类选题很适合在个人公众号投放，针对的是对个人公众号认同感比较强的用户。这类选题的内容属于干货，再加上公众号用户对公众号的信任度较高，往往有很多人愿意点击。

以下两个选题就是典型的行为习惯类选题：《晚上几点睡，竟决定孩子成绩好坏！趁孩子还未中高考，赶紧看看》《放学后别催孩子写作业，先花 20 分钟做这件事，专治拖拉磨蹭》。教育类账号的用户对于孩子的作息、"拖延症"等问题是十分关注的，因为它涉及孩子的身心健康。在笔者研究过的同类竞品中，有很多投放的软文都是这类选题，可见孩子的不良行为习惯对于家长来说是绝对的痛点。

❖ 重要节点类

以下两个选题是典型的重要节点类选题：《距离中考还剩三个月，不重视这一点，孩子注定要丢分》《暑假别再乱花钱给孩子补课了，这位妈妈的做法太绝了》。

在如距离中考 100 天、距离高考一个月等重要的时间节点，用户往往会面临心态的转变，对于教育类产品来说，此时进行软文投放往往会有很好的效果。例如，临近中考时，学生往往会有很强的紧迫感，在这个时候指出痛点，用户的行动意愿会更强，而如果换成距离中考还有一年的时间，推出政策解读类选题则会更有意义。

✧ 简单方法类

即内容明确且易于实践的选题，如《孩子升入小学一年级，学会这三点，让你省心 12 年》《离期末考试越来越近，孩子复习"三要""三不要"，你一定要知道》等选题，明确告诉用户有几点"要"和几点"不要"，迎合了用户的求快心理，对用户极具吸引力。

➢ **产品软文写作的四个步骤**

任何类型的软文都有一个基本的撰写逻辑，笔者将其分为四个步骤。

✧ 吸引注意

这一个步骤很明显和标题有关，因为只有吸引人的标题才能激起用户的点击欲望。笔者总结了两种吸引人的标题结构。

结构一是"热点/明星事件+哲理金句"，如标题《银河补习班首映大火:父母不懂表扬孩子，是不可饶恕的错》。2019 年，电影《银河补习班》走红后，笔者就在一家在线一对一教育机构的公众号上看到了这个软文标题，它的目的就是借助电影的热点吸引关注这部电影的用户，然后再提出一个观点，也就是所谓的金句，来引起一部分人的共鸣，从而使他们点击观看文章，而这部分人就是产品真正的目标用户。

当然，任意包含热点或明星事件的软文，在投放时都要选对平台，也就是要确认该平台的用户对于热点或明星事件的认知是否足够。

结构二是"逆袭故事/矛盾剧情+设定悬念"，如标题《中等生用一年时间"逆袭"985名校，只因妈妈做对了这件事》，这是一个看似平淡却充满故事性的标题。中等生"逆袭"进入985名校，这其中包含了一个矛盾，有矛盾就会引起用户的关注，进而使其点击标题观看文章。这就是用此类结构的标题吸引用户的基本逻辑。

　✧　唤醒欲望

被标题吸引后，用户会进入阅读正文的阶段，而在开头及开头之后的内容，是唤醒用户阅读欲望的关键。

笔者总结了三种类型的文章开头，分别是颠覆性观点开头、疑问式悬念开头和情景式代入开头，其出发点都是激发用户的阅读兴趣。

颠覆性观点开头的第一句话往往是关于某一事物的颠覆常人认知的描述，如"某某实验表明……"，或"某某专家建议……"，常以一些权威专家的话或名言警句来吸引用户。

其次是疑问式悬念开头，也就是在文章开头以疑问句的方式引出下文，而疑问句的内容则需要有趣且让人有代入感。例如，通过"如果时光倒流到10年前，你还会选择高考吗？"这句话，让用户去思考"会不会选择高考"的问题，进而继续浏览文章。

而情景式代入开头则是通过简单描述一个情景，使用户在大脑中形成意象，进而继续浏览文章。例如，笔者曾写过这样一个开头："一个从小就被老师指着鼻子骂'缺根弦'的孩子，不仅学习成绩不好，还整天被同班同学欺负，连教导主任都在全校大会上点名批评他'没救了'。假如你是他的家长，你会怎么做？"这就是典型的情景式代入开头。

写完文章的开头后，就要引出具体的内容，这里有两种文章类型可以借鉴。

一种是故事型，即把文章当作一个故事去写，为文章设计冲突和高潮，并适当进行夸张化和拟人化的处理，增强内容的趣味性和可读性。另一种是论证型，例如，在文章的开头设置疑问式悬念，然后展开论证，并列出一系列的观点，争取做到有理有据，使用户信服。

当然，无论是故事型文章还是论证型文章，都要和产品卖点结合使用，最好能多次与产品的某些特点相关联。例如，一个常见的教育类软文故事框架：成绩垫底，遭遇危机→自身努力，差强人意→遇到恩师，出现转机→成功"逆袭"，总结经验。在这个故事框架里，"遇到恩师，出现转机"环节就很适合插入产品卖点。

对于运营者来说，在写故事型软文时，要尽量把真实案例和一些权威的方法、理论等与产品卖点进行挂钩，这样的文章会让用户对产品产生信任感，更有益于转化。

✧ 赢得信任

即在正式的产品介绍环节中集中展示产品背景、产品模式和产品特色等卖点。关于如何巧妙地介绍产品卖点并以此打动用户，有两种方法可以使用。

第一种方法叫作效果保证法，对于教育产品来说，包含形式、体系和师资三个方面。

先看形式，假如产品是直播形式的，那就可以简单、系统地概括直播形式的特点及其可以带来的教学效果，然后用一些小案例去佐证。

再看体系，一般来说，大品牌的体系相对权威。此外，体系需要划分层级，以便让用户找到属于自己的"位置"。同时，体系的呈现形式要多样化，并能列出各种权威依据，如新东方"大鱼小塘"的卖书软文就常常通过列出相关的权威学习理论、图表和数据来增加产品的可信度。

最后看师资，其中一种方式是公布教师的教龄，如在文章中强调"主讲教师团队人均授课时长 10 年以上，经验丰富"。另一种比较有诱惑力的方式则是展示教师的名校履历，如常见的"授课教师团队成员均毕业于清华、北大、哈佛、耶鲁等名校"等描述，或者公布团队中的主推教师的一些特殊经历，如获奖、保送等经历。

第二种方法叫作口碑推荐法，分为两类。第一类是权威推荐，即找明星代言产品，或找该领域的知名专家推荐产品。另一类是用户证明，基本形式是发布用户使用产品后的评价截图，更高级的形式是通过视频展示用户使用产品前后的效果对比，以此打动其他用户。

✧ 促使行动

其基本原理我们在第二章中有所阐述，这里我们介绍两种常用的引导用户快速下单的营销方式。

- **价格锚点**：通过如"原价 1999 元，现价只需 999 元""原价 480 元，5 人团购只需 99 元"等促销活动吸引用户下单；

- **饥饿营销**：通过如"48 小时后立刻恢复原价""仅有 100 个名额，抓紧抢购""已有 5000 多人购买，立即加入"等宣传语，营造火爆的销售气氛。

留量池小黑板

✓ 数据分析能力是运营人员必备的基本能力之一，也是验证留量池运营效果的重要手段，可依靠业务公式、漏斗模型、数据对比等方式进行数据效果验证。

✓ 活动规划能力是运营人员必备的基本能力之一，其中，熟悉相关玩法和懂得策划非常重要，前者需要不同维度对玩法效果进行划分，后者可以按照"设目标→定路径→找资源"的"三段论"逻辑构思落地方案。

✓ 私域流量运营常依托于微信个人号，底层逻辑就是留量池思维，是运营人员在移动互联网时代必须掌握的一项能力，需要运营人员在账号搭建、内容运营、种子用户寻找、引导"老带新"和精准销售这五个方面做到极致。

✓ 文案撰写能力是运营人员必须掌握的另一项能力。对于产品文案的撰写来说，要重点掌握痛点型、权威型、获得型和速成型的文案结构；对于产品软文的撰写来说，必须在明确好选题且理解核心创作步骤的基础上进行写作，这样才能保证达到预期的效果。

第九章

运营人员必须具备的六种核心素质

本章我们将分享运营人员必须具备的六种核心素质，并分别阐述其具体的培养方式，希望能借此列出一份较为清晰的运营人员成长指南。

敢于迭代

笔者自进入职场以来，始终保持着一个习惯——写周报。

职场中的我们，每天都忙忙碌碌，却不一定在成长。所以我们需要用一段完整的时间来回顾每一周都做了什么，有哪些收获，有哪些缺憾，以及该如何改进。我很荣幸一毕业就进入一家对周报十分重视的公司，在这里我明白了周报是写给自己看的，是对自己每周工作的复盘和总结。

写周报算是帮助个人实现成长的方式之一，与其类似的方式还有很多，我们要掌握的是其背后的底层逻辑。

笔者将其称为运营人员必须具备的一种核心素质，即敢于迭代。

敢于迭代的三个表现

敢于迭代的人都喜欢做一件事，即自我反思，无论工作顺利还是遭遇困难，都会先从自己身上找原因，这类人的成长速度是非常快的。每天自我反省一遍，找到自身的问题，并在第二天去改正，长此以往，终有一日会厚积薄发。

除了反思，敢于迭代的人还喜欢做另一件事——总结经验。细心的人会发现，多数成功且优秀的人在做事时都会讲究一定的方法，因为成功虽然没有捷径，但一定有正确的路径，且往往都是通过总结经验得出的。如果反思是把自身不好的地方暴露出来，那么总结就是把好的经验积攒起来，前者能给予自己警示，后者能给予自己帮助。

此外，敢于迭代的人还有一个特点，就是愿意模仿借鉴。长期的模仿借鉴能让你在一件事上变得熟练，熟练则意味着掌握，进而开始思考本质，其结果往往就是创新。

然而我们在做运营工作的时候，很难创造出新的东西，即便有所创新，也仅仅是流程和细节上的一些改变，这些改变与其说是创新，不如说是优化。笔者在和别人讨论运营玩法时，常常会说"如某公司做的活动"这样的话，可见我们大多数时候提到的创新，其本质就是借鉴。而当你见过足够多的玩法后，将其中一些玩法相互组合，一个新模式就有可能被创造出来，在这个过程中，人的思维广度会得到大幅提升。

可见，拥有经常反思、善于总结、愿意借鉴这三种特质之一的人，都具备敢于迭代的素质，因为他们深知自我成长的重要性。

保持迭代能力的基本方法

培养敢于迭代的素质，其本质是培养保持迭代的能力，并且是思维和观念的迭代，即不让自己被一个思维模式所束缚。思维模式固化会限制你发现问题的能力，而解决的办法就是通过自我复盘还原真相。

复盘的逻辑和写周报类似，但又有所不同，接下来我们就介绍如何对运营工作进行复盘，笔者将其总结为"复盘三步法"。

> ➢ 第一步：解读目的，重复目标

任何工作都是有目的的，在复盘时，我们需要认真描述工作目的，因为工作目的是工作价值的核心体现。

众所周知，运营的核心目的有三个，拉新、留存和转化。那我们为什么要拉新？为谁拉新？拉新后是否还会有其他的结果？类似于这样的问题我们都要在复盘时给出答案，对于留存和变现也是如此。

我们的工作任务往往带有指标，完成指标意味着工作完成情况合格，反之就是不合格，这决定了我们的复盘工作是以总结经验为主，还是以寻找问题为主。举个例子，假设笔者本周工作的核心目标是为转化团队提供 1 万人的微信群，辅助目标是借这个微信群达成 10 万人的公众号粉丝增长数量。而最后的任务完成情况为群成员规模为 1.5 万人，公众号粉丝增长量为 5 万人，那要如何判定任务完成情况呢？答案是，以核心目标为主。因为核心目标是建群，其次是涨粉，虽然涨粉目标未达成，但建群目标达成了，所以整体任务就是成功的。

> **第二步：还原流程，罗列数据**

我们在开展运营工作时，一定要遵循固定的流程，以便在复盘时可以把这套流程重新呈现出来，此外，一定要标注出关键节点和核心动作，这有助于我们在寻找问题时追根溯源。以笔者曾做过的公众号引流活动为例，笔者会在复盘时画出整个活动的流程图并标注相关文字说明，目的就是找出最容易流失用户的环节，然后以表格的形式把对应的关键数据按活动流程的顺序排列。这样做的目的有以下两个。

- 确认目标的达成情况。

- 通过分析数据找到运营工作中的漏洞。

> **第三步：总结反思，提出改进方向**

经过前两步的工作，就可以对运营工作进行定性，继而总结经验，并对不足之处进行反思。

完成经验总结和自我反思之后，就要列出改进方向，并对运营模型进行优化，以使其更好地指导下一项运营工作。

总体来说，通过"复盘三步法"培养迭代能力，有助于提升运营人员的综合素质，并能为其日后的快速成长打下基础。

实现零秒思考

笔者曾经花一天时间策划了一个活动方案，并按照该方案在多个渠道推广了一门课程，但最终这门课程却只有几百人报名，这一度让笔者觉得十分受挫。

人都会有负面情绪，其通过抒发就能得到很好的缓解。但如果抒发的方式不对，很容易导致思考能力下降，进而导致工作效率变低，从而形成恶性循环。事实的确如此，当时的我就因为此事闷闷不乐了一周，连工作都失去了动力。

所以，高效推进运营工作的一大重点就是避免情绪干扰，其中一个有效且易于实践的办法就是实现零秒思考。

什么是零秒思考

所谓零秒思考，就是一种思考习惯，即面对突发事件时能瞬间认清当前状况并据此整理出一系列问题，且快速想到解决方案。要想实现零秒思考，就需要我们在处理事件的整个过程中不掺杂任何个人情绪。

例如，在某个精心策划的活动突然被"砍"的情况下，能零秒思考的人会这么做。

- 找一张纸把能想到的导致活动被"砍"的原因都列出来，如参与人数太少、创意不足、流程烦琐、转化方式无效等。

- 针对每个原因列出可执行的解决方案，然后予以执行，尽力挽回活动被"砍"的命运。

从列出问题到付诸行动，整个过程行云流水，快速高效。

也许有人会说，这种素质太"逆天"了，很少有人能拥有。但笔者认为，人的成长是无止境的，我们不能低估自己。根据笔者的经验，有一种方法就能很好地帮助我们逐渐达到零秒思考的境界。

实现零秒思考的具体方法

所谓实现零秒思考的方法，其实就是做笔记。你没有看错，是做笔记，而不是记笔记，这两点要明确区分，因为记笔记是"复制+思考"的过程，而做笔记是"发现+思考"的过程。

做笔记其实是一种大脑的"柔体按摩术"，可以给我们带来以下这些好处。

- **理清思绪**：在工作过程中，我们常常会有很多想法和思绪，通过记录笔记，可以降低遗忘的概率。

- **提升自信**：有时我们不敢表达是因为没有做好准备，而提前用笔记整理好想说的话，可以让你在交流中变得更加主动。

- **平复情绪**：通过做笔记把不开心事情写下来，能有效疏导负面情绪，让内心变得更加平静。

- **加速成长**：做笔记有助于我们判断事务的优先级，进而提高工作效率，加速自我成长。

可见，做笔记不仅能让我们思维敏捷，还能改善人的精神状态。而通过做笔记实现零秒思考的过程，主要分为以下几个阶段。

> **基础阶段**

做笔记的第一步是写标题，注意，这里不需要使用任何写作技巧，只要自己能看懂即可，且标题的内容不限，想到什么就写什么，不要犹豫。

以下这些是典型的可用作标题的与运营工作有关的问题。

- 怎么提高运营工作效率？

- 怎么提升转化率？

- 怎么打造爆款产品？

- 怎么写好软文？

这些问题可能会经常在你的脑海中浮现，你可以每想到一次就写一次。这会促使你持续思考，让你的思路变得越来越清晰，直到不再遇到这样的问题。

做笔记的第二步是写正文，具体要点如下。

- 标题、正文、日期等信息都要在一分钟之内写完。

- 正文的每一行都要写得足够长。

- 正文的长度要达标（提前拟定好目标长度）。

- 正文中的事项要通过做标记进行分级处理。

- 无须在意书写的结构和顺序。

➤ **训练阶段**

在学会正确做笔记之后，就可以开始进行反复练习，在练习的过程中要时刻谨记，笔记是做给自己看的，不是给别人看的，只有心无旁骛才能写出有用的内容。

我们在前面提到过，在做笔记时要想到什么就写什么，如在意的事情、疑惑的事情、接下来的计划等。

紧接着就要明确在训练阶段中最关键的一件事：每天做多少笔记？关于这个问题，其实并没有标准答案，有人会觉得一天做 30 页笔记都不够，而有人一周只做 30 页就会觉得思路开阔许多。而对于没有做笔记的习惯的人来说，想要快速成长，就要勇于挑战自己，尽可能做更多的笔记。

> ➢ **进阶阶段**

经过一段时间的训练后，你基本可以达到提笔就写的境界，但却不一定能达到写完就行动的境界。

其实，做笔记有一个特定的过程：情绪涌现→想法浮现→整理想法→语言浮现→写出笔记→着手解决。

在这个过程中，不同的人能达到不同的步骤，不同的步骤对应着不同的思考层次。

- 未达到"情绪涌现"的人，是习惯于"抹杀"自我情感的一类人，即自我情感会被抑制。

- 能达到"情绪涌现"的人，是不爱思考的一类人，会表现出情绪，但不会浮现出想法。

- 能达到"想法浮现"的人，是普通人，这类人会有一些想法，但较少去整理。

- 能达到"整理想法"的人，是会努力思考的一类人，但还未触及更深的层面。

- 能达到"语言浮现"的人，是经常思考的一类人，了解并能够说出自己的某些想法。

- 能达到"写出笔记"的人，是会从多个角度想问题的一类人，思考层次深刻。

- 能达到"着手解决"的人，是经常整理问题和做笔记，且行动力很强的一类人，这类人往往成长得更快，能力更强。

一般来说，能达到"着手解决"的人，基本就能实现零秒思考。我们可以根据自己所处的思考层次，制订相应的成长计划。毕竟在面对压力时，很多人都会被情绪所困扰，实现零秒思考可以极大地缓解这种矛盾，提升工作效率，帮助我们实现职场"逆袭"。

强大的意志力

大部分人都希望自己可以像比尔·盖茨那样有钱，像马云那样功成名就，于是很多人就去听这些人的演讲，研究这些人的生活经历，以期洞悉成功的秘诀。但成功真的如此容易获取吗？显然不是，它要凭借难得的机遇和强大的实力去实现。

机遇需要等待和把握，实力需要培养和磨砺，这两者都不是能轻易拥有的，且都需要通过一种力量来催化和实现，这种力量就是意志力。

古人云，"润物细无声"，绝大多数事情都是慢慢水到渠成的，在这个缓慢的过程中，意志力可以让人冷静地、有节奏地及目标清晰地走向成功。

那意志力是如何影响和帮助我们的？

意志力的两个特点

意志力有两个特点，这两个特点直接影响着我们的工作和生活：意志力有限，使用就代表着消耗；人会从同一"账户"中提取意志力，用于各种不同的任务。

换句话说，意志力是一种有限的资源，就像汽车油箱里的油一样越用越少，如果不及时补充，汽车就会停止前进。例如，大部分运营人员都会同时接受多项任务，而每项任务所需要的意志力都是从同一"账户"中提取的，这会严重损耗我们的意志力，而当意志力不足时，就会出现工作效率低下的情况。

除了影响效率，意志力损耗严重的人，还很容易感到疲倦，进而产生消极情绪，具体表现为意志力损耗严重的人常常会做出令自己后悔的事。基于此，我们更需要时刻留意自己的情绪和行为状态。

意志力的四类运用

意志力虽然容易被损耗，但它对我们的作用是非常积极的。

> ➢ **控制思维**

所谓控制思维，就是要学会保持专注，因为只有专注的人才能进行深度思考。例如，每个做销售的人都要专注地思考如何说服顾客买东西，只有发自内心地相信自己可以完成这件事，顾客才有购买的可能。

> ➢ **控制情绪**

这一点在职场中非常容易体现，你无法强迫自己在接受领导的批评时发自内心的高兴，但你可以找个无人的地方发泄压抑的情绪，也可以通过做其他事情，如锻炼、读书等转移注意力。

> ➢ **控制冲动**

任何人都无法做到时刻保持理智，而冲动是不理智最常见的表现。冲动常常源于诱惑，意志力能帮助我们抵制诱惑。

> ➢ **控制成绩、表现、绩效**

对于身处职场的我们来说，工作成果体现了我们的工作价值，好的结果（成绩）、好的印象（表现）、好的效率（绩效）能更大概率地帮助我们实现升职加薪，而这些成果的获取都是以意志力为驱动的。

> ➤ **意志力的获取方法**

既然意志力如此重要，那我们如何才能拥有强大的意志力？

第一个方法是保证充足的能量。我们在使用意志力的过程中需要消耗身体里的能量，而能量源就是葡萄糖。不过，葡萄糖本身不会进入大脑，而是会转化成神经递质，神经递质是脑细胞用来传递信号的化学物质，如果神经递质消耗殆尽，我们就会停止思考。

所以，要想拥有足够的意志力，就必须保证足够的能量摄取。吃饭是最好的保证能量供应的方式，很多职场人因为作息不规律，常常不好好吃饭，在无形之中影响了身体健康和工作效率，这是非常不可取的。

第二个方法是设置任务清单。提到职场压力，最常见的情况就是对繁杂的工作任务感到心烦意乱，这个时候我们不妨冷静下来，思考一件事：如何"以守为攻"。

设置任务清单就是一个很好的进行自我管理的方法，其需要我们结合适当的、具体的、有期限的、可衡量的目标制订相应的任务计划，这些计划要具有灵活性。例如，为了达成规律生活的目标，你可以为自己设置健身、戒烟戒酒、控制饮食等任务；为了快速提升工作效率，你可以为自己安排一系列和工作相关的技能学习任务。

第三个方法是注意蔡氏效应。在日常工作中，我们难免会遇到这样的情形，即身边总有人在叽叽喳喳说个不停，不断胡乱插嘴、猜测和指挥，而你只想大叫一声让他闭嘴。心理学将这种情形称为蔡氏效应。针对这种情况，你可以通过制订具体的计划来细化工作内容，让自己更好地专注于自己的工作。

第四个方法是养成良好习惯，注重长期训练。意志力是可以通过训练得到加强的，就像我们在健身时锻炼肌肉一样，很多成功人士都是通过长期的刻苦训练培养出了超强的意志力。我们可以先从日常习惯入手，如克制自己不喝酒、不抽烟及不吃甜食，与此同时，保持良好的身体状态，即保证能量的摄取和补充，养成良好的工作和睡眠习惯。

身为运营人员，大到工作项目，小到职场社交，常常会面临很多让人感到焦虑的问题，我们在积极解决这些问题之余，更要想办法保持自身对工作的专注和活力。

善于管理规划

在上一节中我们提到，设置任务清单可以有效培养运营人员的意志力，而合理规划清单上的任务内容，并且有的放矢地执行这些内容，其实对于运营工作来说更为重要，笔者将其视为运营人员需要具备的另一种核心素质。

管理规划的含义

所谓管理规划，就是把多个事件或事物按照一定逻辑排列出来，并按照期望来设计其时间节点或空间位置，如规划公司未来的发展，规划房间的具体布局等。

如何培养管理规划能力

我们常常会羡慕懂得规划的人，因为他们非常清楚自己想要什么，以及在什么时间、什么阶段该做什么样的事情，从而一步步取得成就。事实上，这样的特质并非专属于某一类人，而是任何人都可以培养的一种能力。

> **➤   短期管理规划能力的培养**

笔者认为，管理规划能力的培养需要从小事着手，进而慢慢使其成为习惯。所以，合理安排每一天的时间，是我们培养规划管理能力的第一步，具体来说就是每天都列出一个任务清单。

笔者推崇任务清单是因为它给我带来过很大的帮助。在很长一段时间里，笔者和很多人一样，对时间管理是没有意识的，面对很多突如其来的工作的会感到异常焦虑，因为不知该从何下手，但如果把这些事情列成清单，并按部就班地完成，感受就会大不一样。

关于罗列清单，笔者总结了三个关键点，把握好这三个关键点，工作清单就可以被快速地制订出来，从而使工作变得更加高效。

❖　清点工作任务

在列清单之前，一定要清点所有在这一天要做的，以及可能要做的事情，并记录在一个便于查看的地方，如手机记事软件、工作笔记本及小型便利贴。另外，整理工作事项的时间点也很重要，笔者曾尝试在上班后一个小时内整理当天要做的工作，也尝试过在下班前一个小时内整理第二天要做的工作。

根据笔者的感受，后者更适用于对工作计划的梳理，有助于我们在第二天快速进入工作状态。即便第二天有临时任务，也能参照前一天整理的工作清单对工作计划进行调整。此外，上午是全天工作效率最高的时段，把上午的一部分时间放在任务整理上可能会影响全天的工作质量。

❖　为所有工作排定优先级

列出所有的工作事项之后，就要为这些事项排定优先级，即明确哪件事需要先做，哪件事可以后做，只有明确了这一点，才能保证全天工作的有序进行。

这里笔者推荐一个方法叫作时间四象限法。

所谓时间四象限，就是将所有事项根据两个维度进行划分，即紧急程度和重要程度，然后根据这两个维度建立坐标系，并在每个坐标轴的两端分别标注"高"和"低"两种程度，从而将坐标系分为四个象限，分别是"重要紧急""重要不紧急""紧急不重要"和"不紧急不重要"，最后把所有事项根据紧急程度和重要程度分别填入四个象限即可。

✧ 及时清理已完成的事项

列完清单后，就可以开始按部就班地完成清单的任务，这里有个细节需要注意，那就是每做完一件事都要做一个能证明该事项被完成的动作。如果是纸质清单，直接用笔划掉这个事项即可，如果是电子清单，可以直接删除这个事项，这样做的目的是避免自己在工作时被已完成的工作内容所干扰。

➤ **长期管理规划能力的培养**

以上三个关键点是针对日常工作计划提出的，目的是帮助我们提高工作效率，更重要的是提高个人管理事项和时间的能力，培养管理规划意识。如果我们连一天的工作内容都规划不好，就更不可能规划好长远的未来。

实际上，长期管理规划和短期管理规划的逻辑基本相同，只不过长期管理规划带有更强的目的性和心理预期，对我们的执行力有更强的要求。

对于长期管理规划的完成，笔者认为有一个策略值得尝试，那就是将未来较长的一段时间分割成几个时间段，并分别为每个时间段设立目标。当你度过第一个时间段后，可根据小目标的完成情况，对长期规划进行调整，并在其他的时间段也重复这样的过程，直到完成长期规划。

善于管理规划是运营人必须具备的一种核心素质，它能让一个人逐渐看清自己的成长空间，进而不再漫无目的地埋头做事。

构建知识体系

运营人员要想在职场上实现持续成长，除了日常工作经验的积累，额外学习也是必不可少的途径，无论是做读书笔记，还是学习课程，这种持续的信息输入对于个人思维层级的提升及眼界的开拓都必不可少。

但是，在讲究输入的同时也要讲究输出，因为只有两者兼顾，才能实现知识的内化，并对外表现出更强的业务能力。所以，知识体系的构建就变得至关重要。笔者在这里分享两个构建知识体系的方法。

阅读专业书籍，并尝试做笔记

你没看错，做读书笔记确实是构建知识体系的方法之一。但是，读什么书、怎么读书及如何做笔记，都是需要我们重视的问题。

每种职业都有其相对应的书籍，但市面上图书的质量参差不齐，我们需要仔细筛选，才能找到那些可读性强、信息价值高及理论性和实操性兼具的图书。目前，大多数人都会选择通过在豆瓣搜索书名，并根据豆瓣评分及用户评论来了解一本书，因为豆瓣拥有较为广泛的用户基础，在大众心中有非常高的可信度。除了豆瓣评分，当当、京东等电商平台的用户评论也有较高的参考价值，此外，还要多留意那些与自己职业相关的自媒体是否有推荐不错的图书。总之，通过多个平台的信息汇总，基本能找到适合自己且质量过关的图书。

不同的人有不同的阅读习惯，如果非要推荐一个阅读方法，笔者的建议是一本书读两遍，第一遍是浏览，第二遍是选择性阅读。浏览就是快速地通读一遍，以大概了解全书的内容主旨，选择性阅读则是针对个人需要，对其中的部分模块进行精读，借此掌握有价值的信息。

还有一个方法是一边阅读一边做笔记，这是一个比较漫长的过程，对个人的学习动力有很高的要求。在使用这种方法进行阅读时，记笔记的方式尤为重要，笔者有一段时间习惯在读书时用电脑制作思维导图，但这个方式其实并不高效，用纸质笔记本进行记录，才更符合大部分人的阅读习惯。

经常写文章或做分享，输出内容

笔者曾做过教师，也研究过一些教育学理论和学习原理，发现就学习效果来说，最有效的学习方式就是把知识教授给他人，在此过程中，本人对知识的吸收率可以达到九成以上。

笔者在写周报的时候经常会有意无意地写下一些观点和学习心

得，这其实就是一种比较简单的内容输出方式，但却不够系统，最系统的内容输出方式还是写文章和做分享。

写文章和写作文类似，唯一不同之处是需要自己给自己设置命题，这个转变对于很多人来说很难跨越，毕竟经过应试教育洗礼的人都习惯于对固有命题发表见解，一旦让自己设置命题，便很难找到头绪。这个问题只要通过刻意地练习就能解决，且解决的过程很快，因为人的适应能力很强，只要跳出舒适区，就能发生良性的改变。

除了写文章，做分享是笔者更看好的一种内容输出方式，因为文字表达的限制较多，属于单向的内容输出方式，同时与读者的互动不够及时，很容易让自己陷入"自嗨"的局面。对外分享则不同，其最大的好处就是能和聆听分享的人及时进行交流，频繁地获取正面和负面的反馈，进而有效促进个人知识体系的快速迭代。

所以，如果你想要实现个人知识体系的输出，建议你使用写文章和做分享这两种方法，即前期先用文章搭建知识体系，后期再通过分享的形式系统梳理知识点，将其进行模块化处理，以促进其的持续迭代。

在我们所处的这个时代中，信息的输入和输出比以往任何时候都变得更加容易，我们每个人都应该把握机遇，借此快速成长为更好的自己。

合理利用工具

合理利用工具能帮助我们显著提升各方面的效率：思维工具能提升思维效率，学习工具能提升学习效率，业务工具则能提升业务效率。

对于工具的选取和利用是运营人员能否胜任某项工作的关键，善用工具的人往往有着更高的工作效率，这意味着他们拥有更多时间去思考和提升自我，从而发挥出更大的潜力。

本节笔者将从留量池运营和个人成长两个方面出发，列举一些常见的实用工具。

留量池运营工具

笔者长期从事微信生态流量的运营工作，对公众号和微信群的运营辅助工具非常熟悉，这里主要介绍以下几种工具。

> ➤ **新媒体管家**

新媒体管家是一个公众号图文编辑和数据分析工具，功能包括辅助文章排版、提供营销日历、一键采集文章、全网账号管理、分析图文数据等，是比较实用的公众号运营工具。

> **西瓜数据**

西瓜数据是一个新媒体数据分析工具，可以用来分析公众号及抖音、快手等平台的新媒体账号，帮助运营人员寻找和研究竞品，提升媒体投放效果。

> **新榜**

新榜是一个综合性的新媒体服务平台，拥有公众号、今日头条、抖音、小程序等主要新媒体平台账号的查询和分析功能，也能提供关于数据分析和流量增长方面的服务。

> **进群宝**

进群宝是一种能有效提升微信群运营效率的工具，支持自动建群、管群、活码生成、裂变等功能，能大大缓解社群管理人员的运营压力。

> **任务宝**

任务宝是一种基于公众号进行粉丝裂变的运营工具，目前提供此类工具的服务商较多，大家可自行筛选。

> **打卡工具**

目前有很多打卡工具都以小程序的形式存在，既能辅助提升社群活跃度，也能与公众号绑定助力拉新，知识付费产品和教育培训产品的运营人员可以多加关注。

> ➤ **小鹅通**

小鹅通是一个以提供知识付费店铺为主要功能的运营工具,可以与公众号绑定,帮助公众号进行课程产品的变现,值得以知识付费为主要变现模式的新媒体运营者关注。

个人成长工具

工具除了能帮助运营人员在业务方面进行提效,也能为我们在个人成长方面提供助力。以下是笔者使用较多的几个可以用于个人成长的工具。

> ➤ **人人都是产品经理**

人人都是产品经理是很多运营人员和产品经理都较为关注的内容平台,平台内每天都会更新大量和互联网行业相关的文章,有助于我们提前获取行业资讯和运营干货。

> ➤ **鸟哥笔记**

鸟哥笔记也是与互联网产品运营相关的内容资讯平台,同时还提供 App 流量推广等服务,值得从事 App 运营的运营人员关注。

➤ **石墨文档**

石墨文档是一个在线文档工具，笔者常用它记录工作内容和收藏实用文章，也可以用来进行同事间的信息沟通协作，对于个人工作效率的提升有很大的帮助。

➤ **幕布**

幕布是一个能轻松生成内容思维导图的工具，适用于记笔记及生成图片，还可以搭配文章进行使用。笔者常用幕布整理读书笔记和工作要点，其在提升工作与学习效率方面能给予我们很大的帮助。

⟳ 留量池小黑板

✓ 敢于迭代是运营人员必须具备的一种核心素质，敢于迭代的人拥有经常反思、善于总结、愿意借鉴等特点，培养这一素质的基本方法是对工作进行复盘。

✓ 实现零秒思考是另一种运营人员需要具备的核心素质，目的是减少负面情绪对思维的干扰，提升思维效率。这一素质可以通过做笔记的方式进行培养。

✓ 强大的意志力是运营人员必须具备的核心素质之一，意志力不足会对我们生活和工作中的多个方面造成不良影响，所以我们需要通过保证能量供应、设置任务清单、注意蔡氏效应、进行长期训练等手段进行意志力的培养。

✓ 善于管理规划是运营人员不可缺少的素质之一，是探索个人成长空间的有力抓手。

✓ 个人知识体系的构建对于运营人员的成长至关重要，而构建知识体系的关键，在于运营人员能否同时兼顾内容的输入和输出，否则知识将难有沉淀。

✓ 善于利用和发掘工具是运营人员必须具备的核心素质之一，因为它能显著提高我们的工作效率，无论对业绩增长还是个人成长都有明显的助力。

后　记

作为一个传统教育行业出身的人，我从未想过自己会写一本关于互联网运营的书，而且还和流量有关，这其中的契机还要从我刚刚踏入教育培训行业说起。

那是在 2015 年，整个教育培训行业开始处于巨大的变革之中，根本原因是互联网浪潮的来袭。众所周知，中国从 90 年代末开启互联网的发展进程，一路辉煌走过了 20 多年，其间诞生了众多互联网巨头，比较知名的有百度、阿里巴巴、腾讯、网易、搜狐、新浪、字节跳动、美团及滴滴等，这些巨头的诞生为传统行业带来了先进的互联网思维，并逐渐引发了其他行业的互联网化改造，即"互联网+"。

教育培训行业是较晚进入"互联网+"的行业，我入行的时候正是"互联网+教育"的起步阶段，这期间我见证了太多互联网改造教育培训行业的"实验"，从教育 O2O（Online To Offline，线上到线下）到在线"一对一"，再到在线大班课，不能说全军覆没，但成功者也是屈指可数，甚至有一些所谓的风口刚刚兴起就骤然衰落。

其实，任何行业一旦触及互联网都会发生或大或小且持续的变革，自然也会引发企业竞争和行业沉浮。据我观察，流量在其中的作用是巨大的，可以说，互联网时代的企业竞争就是企业对流量的争夺战，这一点在 2019 年暑期的 K12 网校"投放大战"中可以得到印证，多家在线教育公司在 K12"赛道"投入数十亿元抢夺流量，导致这一细分行业的获客成本变得高不可攀。

我从进入教育培训行业以来就从事前端获客的工作，虽然线下渠道和线上渠道都有所接触，但主要工作还是围绕互联网渠道展开的。在从事这类工作的过程中，我逐渐接触到很多发源于互联网公司的流量运营玩法和前端获客模式，我深知，这些对于我所处行业的发展大有裨益。

与此同时，运营这个职业逐渐开始在各行各业中落地生根，而不再局限在互联网这一个领域，运营工作也不再是大众认知里的"打杂"，而是成为了实现企业增长的重要助力。

就我的经验而言，运营人员所从事的工作涉及流量的方方面面，主要包括外部流量的获取和转化、内部流量的促活和裂变，以及整体流量的留存等。例如，常见的新媒体运营就是典型的针对如微信、抖音等平台流量的运营工作，工作内容包括粉丝的获取、留存和变现。新媒体运营的目的就是将粉丝量"做"大，从而为企业创造更多收益。

在流量运营的过程中，我们往往会遇到很多问题，这些问题有的是行业自身的原因所导致的，有的是从业者能力与素质不足所导致的。想要解决或避免在流量运营中常见的问题，就需要企业和从业者对流量的本质及运作原理有一个系统的认知。基于此，我们进行了本书的创作。

本书分为九章，分别从流量的本质、流量的运营及运营人的自我提升这三方面为读者提供一些可落地的工作方法和成长建议，并引入留量这一概念，使本书内容更加符合流量运营工作日益精细化的必然趋势。

其中，第一章介绍什么是留量和留量池思维，第二章阐述留量池运营的基本环节，第三至七章介绍目前几个主流形态留量池的运营打法，第八章和第九章则针对运营人的技能开发和素质提升提供了一套行之有效的解决方案。

松月女士作为合作者参与了本书的创作，她在创作上给我非常大的帮助，亦为本书的内容贡献了很多观点和思路。

由于笔者水平有限，本书难免有不足之处，恳请广大读者批评指正。

希望本书能为互联网行业或正在进行互联网化的企业中的运营、营销、产品等相关岗位的从业人员带来一些启迪，并对他们的工作、学习和个人成长有所助益。

谢涵博

2020 年 1 月 19 日于北京

图书在版编目（CIP）数据

从流量到留量：让你的产品实现低成本持续增长 / 谢涵博，陈松月著. —北京：电子
工业出版社，2020.6

（数字化生活. 新趋势）

ISBN 978-7-121-38847-7

Ⅰ. ①从⋯ Ⅱ. ①谢⋯②陈⋯ Ⅲ. ①网络营销 Ⅳ. ①F713.365.2

中国版本图书馆 CIP 数据核字（2020）第 048233 号

责任编辑：黄　菲　　　文字编辑：王欣怡
印　　刷：北京捷迅佳彩印刷有限公司
装　　订：北京捷迅佳彩印刷有限公司
出版发行：电子工业出版社
　　　　　北京市海淀区万寿路 173 信箱　邮编：100036
开　　本：720×1 000　1/16　印张：22　字数：251 千字
版　　次：2020 年 6 月第 1 版
印　　次：2025 年 9 月第 6 次印刷
定　　价：75.00 元

凡所购买电子工业出版社图书有缺损问题，请向购买书店调换。若书店售缺，请
与本社发行部联系，联系及邮购电话：（010）88254888，88258888。

质量投诉请发邮件至 zlts@phei.com.cn，盗版侵权举报请发邮件至 dbqq@phei.com.cn。

本书咨询联系方式：424710364（QQ）